渡された言葉

わたしの編集手帖から

井上一夫

本の泉社

まえがき

わたしは出版社＝岩波書店に在職すること四〇年、幸いにして多くの魅力的な方々と接する機会を得ました。そして、本づくりをともにするなかで、数多くの印象的な言葉を聞きました。わたしはこれを咀嚼《そしゃく》し、反芻《はんすう》・敷衍《ふえん》することで支えられ、編集者としての幅を広げることができました。本書でとりあげるのはその言葉の数々をめぐるエピソードです。

いま「咀嚼」といい、「反芻・敷衍」といいました。これから語るのは、わたしの身体をくぐった「記憶」であって、単なる「記録」ではありません。そもそも何を聞きとったかということじたい、当時のわたしの問題関心や力量が関わっていますから、おのずから角度がついています。そして記憶なるもの、時間がたつにつれて、自分にとって大事なことが際立っていくという特質があり、だからこそ血肉化していくものでしょう。さらには「反芻・敷衍」するなかで、自分の文脈のなかに位置づけ直されるという過程をたどります。いわば、わたしのなかで発酵した言葉といえましょうか。

これはすべて「渡された」言葉でした。本書に掲げる言葉の数々は企画をめぐるやりとりだったり、インタビューのときだったり、雑談の機会だったり、場面はさまざまですけれど、「教えを垂れる」というかしこまった雰囲気だったことは一度もありません。さりげない示咳やふとしたつぶやきを含め、つねに「どう受けとるかは君しだい」というニュアンスが感じられました。「渡された」ことによって、わたしは自分の文脈で受けとり、さらに広げていくことができたのです。

さて、論語の名言に「故《ふる》きを温めて新しきを知る」があり（原文「温故而知新」。四字熟語「温故知新」はこれによる）、中国文学者・井波律子さんはこう解説していました。「過去を過ぎ去った時代として冷たくとらえるのではなく、流動する歴史的現在としてホットな視点でとらえ返すことにより、今、ここの現実問題を明確に認識する」ことであると（『完訳 論語』岩波書店。二〇一六年）。

わたしは本書執筆にあたって、微力とはいえ、この姿勢でありたいと念じていました。いまとなっては古い時期に属するエピソードが過半を占めますが、世の中が大きく変貌し、時代が変わっているからこそ、かつての経験は新たな色彩を帯び、いま考えるべき大事なヒントが含まれているのではないでしょうか。

本書に込めた思いは、「渡された」言葉を「渡したい」ということに尽きます。それがかつての時代の輝きや熱気を伝えることにつながり、いささかでも「温故知新」の課題に接近できるなら、とても嬉しいことです

まえがき

本書はすでに発表した連載コラムを下敷きにしています。『新潟日報』「語縁あって——ぼくの出版現場リポート」（二〇一〇年一〇月〜二〇一一年七月、全三六回）、季刊誌『広島ジャーナリスト』「われ、その驥尾に付して」（二〇一四年一二月〜二〇一七年三月、全八回）。Ⅰ〜Ⅲ章は、これをもとに、わたし自身の歩みに沿ったかたちで時間順に再編成し、大幅に改訂・拡充しました。したがって新稿に近いものになっていますが（Ⅳ章のみ、ほぼ発表時のまま）、文体は当時のものを踏襲しています（「である体」であり、一人称が「ぼく」になっているのはそれゆえです）。

なお、再編成にともなって書き換えたとはいえ、一回読み切りの性格は変わりません。ご興味あるところから自由にご覧いただければと願っています。

目次

Ⅲ

Ⅳ

I

田中琢『平城京』(1984年)

わたしの編集者としてのキャリアは学術書ジャンルからはじまります。駆け出しから中堅にいたる二〇年弱、学術書編集の場で鍛えられたことはとても大きな意味を持ちました。学者魂というべきものの一端に触れ、出版とは何か、編集業務はどうあるべきか等々、大いに考えさせられます。わたしの編集ノウハウの基礎はこの時期にかたちづくられました。そしてそれは、のちに携わる新書編集の場でさらに展開され、わたしなりの編集作法を形成していくことにつながっていきます。

ここでは叢書「日本思想大系」、シリーズ「古代日本を発掘する」につき、それぞれ象徴的な場面をとりあげます。まさに「一齣」ですが、とても大事な「一齣」でした。

「ここまで調べたけれどわからない」［青木和夫］

青木和夫（あおき　かずお）　歴史研究者（日本古代史）。一九二六年東京都生まれ。お茶の水女子大学教授（同大学名誉教授）、放送大学教授。著書『奈良の都』『日本律令国家論攷』『日本古代の政治と人物』など。また『古事記』『日本書紀』『続日本紀』『律令』など古典の分担注釈に携わった。二〇〇九年逝去。

ひたすら通い続けた日々

岩波書店に入社して、最初に配属されたのは叢書「日本思想大系」（全六七巻。一九七〇～一九八二年）のセクションである。この叢書は『古事記』から幕末維新の文献まで、前近代の思想史料を精選・編成し、テキストを確定するとともに注釈・解説を付すという壮大なものので、学術出版のひとつの金字塔といえるだろう。著者陣も綺羅星のごとき学者・知識人が揃っていた。

ぼくがまだ大学在学中に刊行が開始されていたから、入社した一九七三年には半数近くが刊行済みであり、完結が急がされているときだった。だが残るは難物ばかり。結果としてぼくは一〇年間にわたって、この叢書のみに集中することになる（最初の二年間は校正担当）。

編集担当に配置換えされたとき、尊敬する当時の上司、Nさんから最初に言われた言葉はよく覚えている。彼女いわく「あなたの仕事は原稿を取ってきてナンボというものよ」。厳しいことを優しい語調でサラリと言うものである。いうまでもなく、出版の仕事は原稿がなければ何もはじまらず、いかにすばらしい企画であろうと原稿なしでは砂上の楼閣である。しかもいま言ったように、すでに刊行中だったわけだから、編集者の仕事は「原稿を取ってくること」であり、極言すればそれしかなかった。

続けていわく「そこに座っていていいの？」たしかに待っていたのでは何も動かない。何よりまず著者のお宅にうかがえ、ともかく動きまわれ、それが最初の指導だった。

駆け出しの編集者としては、明確な指示であることがありがたい。当時はまだ若く、体力気力は十分にあった。未熟さは誠意で補おうと心に決め、かくして手強くも魅力的な著者のお宅に通うのが日課となったのである。

このときまず向かい合うことになったのが日本古代史家・青木和夫さんであった。彼が担当するのは『律令』（一九七六年）、『古事記』（一九八二年）。

ぼくは彼と出会ったことで、著者と編集者の付き合い方を学ぶとともに、学問の厳しさと学者のこだわりの奥深さを垣間見ることができた。これがいかに貴重な経験であったか、何度も思い返すことになる。

「曲がり角を見つけて原稿を取れ」

さて『律令』。編者代表は井上光貞《みつさだ》・関晃・土田直鎮《なおしげ》・青木和夫の四名で、分担執筆者や協力者を合わせると二〇名近くに及ぶ。そして分担執筆された注釈原稿を点検すべく、編者代表四人が定期的に集まり（「調整の会」と称した）、執筆者を交えた議論をへて加筆訂正が行なわれる。まさに一大プロジェクトというべく、青木さんはその進行全体をつかさどる事務局長格であった。

前任者から編集業務を引き継いだとき、当然ながら、すでにけっこうな分量の原稿が揃っていた。だが青木さんの担当分は手つかずといっていい状態で（ここには青木さんが全体のブラッシュアップ作業に精力を費やしていたという事情もあった）、まだ影もかたちもない。かくして、原稿を頂戴すべく、東京郊外・高尾にある青木さんのお宅に通うことがぼくの最初の編集仕事になったのである。ぼくは当時もいまも、著者宅に通うことはそれだけで編集スキルが磨かれると信ずるが、そう思う背景にはこのときの経験がある。

この人の遅筆はよく知られていた。切れ味鋭い名文をものする人でもあったから、どう表現するか、悩んだところもあったと思しい。しかし、ことは注釈であり、レトリックを重んずる性格の文章ではない。もっとチャッチャッとやれないものか、当初は首を傾げた。しかし、お付き合いが深まるにつれ、そうではないことに気づく。彼は自分自身が納得したいのである。そのためいつまでもこだわった。

そしてこのこだわりがとてもおもしろいのである。何にこだわっているのかを聞くだけでとても勉強になった。彼の座談を聞いていて、時間を忘れたことが何度もある。だが、こちらは仕事、いつまでも原稿が来ないのでは困る。彼もむろん、それはわかっているから、催促のためにお宅にうかがえば、必ず原稿一枚はくれた。「わざわざ来てくれたのに空手で返すわけにはいかない」、そうおっしゃる。だがいつも一枚なのだ。計算するまでもなく、一〇回通ってやっと一〇枚なのである。

そんなある日、たまたま雑談が原稿取りの心構えに及んだ。わざわざ自分で墓穴を掘るような話なのだが、ぼくはいたく納得し、その後の編集生活で大切な金言として生きている。いわく「研究者はどこまでも完璧なものをつくりたがる。たしかに時間をかければかけるほど、いいものになる。しかしどこかで、直線が曲線になる。いくら時間をかけてもそんなによくならない、そこからあとは、単なる未練だ。いい編集者はその曲がり角を見つけて原稿を取り上げなければならない」。そのときはつい軽口をたたき、いっしょに大笑いしたものである。「未練？　ソリャ先生、あなたのことじゃないですか！」

世にある編集者論の多くはみずからの体験記であり、そこではしばしば原稿取りの苦労が語られる。夜討ち朝駆けのエピソードなど、おもしろいといえばおもしろい。だが、もっとも大切なことは「直線から曲線の曲がり角をみつけること」、それも双方が納得できる時期をみつけることではなかろうか。そしてその大切な前提となるのは信頼関係の存在である。青木さんがあえて自分に不利な話をしてくれたのも、なにはともあれよく通ったからこそであった、と思う。

ちなみに、東洋史の泰斗、濱口重国《はまぐちしげくに》先生がこんなことをおっしゃったと教えてくれたことがある。いわく「わからないことは書きようがない。わかったことは書く必要がない。だから書かない」。そして、笑いながら、こう付け加えた。「ぼくもまた濱口先生のひそみにならって」と。これにはさすがに苦笑せざるをえない。

しかし、あとになって、この言葉は表現こそ極端だけれど、ある真実があり、重みがあると思い返す。簡単に「わかる」ことだけを書き散らすようなことがあってはならない、それでは研究者としてみずからの品位を貶めることになる。その含意があるからこそ、青木さんも深くうなずくところがあったに違いない。この間、業績主義が定着し、研究成果を発表し続けることが必要とされて久しい。これはこれで意味のあることであり、濱口先生の警句はもはや昔話と化したようにみえる。でも、本当にそうだろうか？　論文生産に励むことを第一義とするあまり、歪みが生じたりしていないだろうか？　ときに、わからないことをわかったように書いてしまう人や、わかりきっていることを自分の功績のごとく平気で書いたりする人を見かけたりすると、この場面を思い出したりもする。

「著者は信頼すべし、ただし信用すべからず」

原稿取りに関わる編集者の心得ということでは、もうひとつ、深く納得した言葉がある。上司Nさんの一言だ。彼女はある日、こう言ったのである。「著者は信頼すべし、ただし信用すべからず」。どんな場面だったたか、正確にはどう言ったのか、そのあたりはさすがにもう覚えていない。彼女は説教するタイプではないので、多分ニコニコしながら、さりげなく言ったに違いないけれども。

苦闘する著者を信頼せずして、企画が成就するはずはない。深いところで信頼していないと関係が崩れる。それが大前提である。しかし、言ったことの一々をすべて信じ切ってはいけない。著者とて人間であり、ときには逃げ口上もある。進行はシビアに判断しなければならない。彼女の言うところをぼくなりの理解で敷衍すればこうなろうか。

この言葉の最大の効用は、気持ちに余裕を持てることである。原稿取りに必死であればあるほど、視野が狭くなり、約束違反が生じたときに尖った口調になりやすい。だが、著者だって間に合わなかったときは忸怩《じくじ》たる思いを抱えている。そのとき性急に責め立てるだけだと著者もたまらない。ギスギスしてしまって、下手をすると人間関係がおかしくなる（実際、そんなケースを見たことがあった）。信頼するが信用しないと覚悟していれば、オヤオヤ、やっぱりねと思うだけで済む。ときには逆手にとって、遊ぶこともできる。実際、「先生、ウソつきましたね」とチクチクやり、「いや、どうも」と頭を掻かせたりしたものである。

そしていまひとつ。著者に惚れ込みすぎて、肝心の任務を忘れてしまうことを避けることができる。付き合いが増せば増すほど、著者の悩みや思いに共感することが多くなるのは当然だが、寄り添い過ぎてはいけない。身もふたもない言い方をするならば、出版とは「商売」なのである。「信用しない」という乾いた表現は、その場の関係から身を引き離してみずからの立場を自覚するうえでも有効であった。

この言葉、その後、ぼくなりの編集作法をつくるにあたって、つねに意識する金言となった。そして、著者の仕事を重んじ尊敬するからこそ厳しく督促しなければならず、この二律背反のバランスをとることこそ編集者の醍醐味だと思うようになっていく。

「今のところ発見されていない」

さて、青木さんが担当したもう一冊が『古事記』である。編者は石母田正《いしもだしょう》（上巻）、佐伯有清《ありきよ》（中巻）、青木和夫（下巻）、小林芳規《よしのり》（本文校訂）の四名。だがこのとき、企画牽引者たる石母田さんはパーキンソン病を患っていたから、佐伯さん青木さんにはみずからの担当分を終えたあと、石母田さんのお考えを反映させるかたちで上巻注釈に取り組んでもらわなければいけない。

青木さんは石母田さんを敬愛していた。だから全力を尽くしてくれることを疑わないけれども、何しろ『律令』の経験がある。間に合うだろうか？　このとき彼の奮闘ぶりは特筆ものだった。『律令』ではついぞ経験したことのない枚数の原稿を何度も受け取ることになるのである。僭越な表現を許してもらえば、ぼくは彼を見直した。しかも、やり方を変えたわけではない。こだわるべきことには徹底的にこだわったうえで、やりとげたのだ。これには頭が下がった。

象徴的場面がある。仁徳天皇の項に「枯野《からの》」と名づけられた船の説話が出てくる。最初に大木の話があり、それが軽快な船になり、やがて壊れて、すばらしい琴として蘇った、というもの。この木はいったい何の木だろう？　これに青木さんは悩んだ。当時の船なら樟《くす》か杉だ。だが、それが琴になるだろうか？　じつは似た説話が日本書紀にも出てくるのだが、別の説話になっているから、それぞれ樹種が異なっていてかまわない。だが古事記ではひとつの説話に統一されている。「古代人はわれわれと違って、自然の知識が豊富だ。そんな木などありえないとなると神話じたいの信頼性に関わる」、そんなことを言われたと思う。これが問題になるのは、古事記神話が大和政権の正統性を示す物語であり、支配の根拠になっている政治神話だからである。そこにウソが感じられるなら政権の土台がゆらぎかねない、という。こうなると、樹種の詮索は決してマニアックなトリビアではない。

彼はこのとき、文献を渉猟するにとどまらず、出土品まで検討した。正倉院に現存する琴の材質はどうだったか？　展覧会のカタログを探しはじめたりするのだ。たしか、この項目の調べで二週間かかったと記憶する。結局わからなかった。

ぼくはややあきれつつ、しかし感動もしていたのである。そこまで調べるのか、と。できあがった補注のごく一部を引用する。

［枯野］［前略］使われた大木が何の木であるか、仁徳記も応神紀も語っていないが、日本古代の船は、弥生・古墳時代の出土遺物から奈良時代の所伝に至るまで、もっぱら樟・杉で造られており、中でも樟の巨材を最上としたらしい（岸俊男）。樟は楠とも書くように元来南方系の常緑喬木で、関東以西の暖地、殊に海岸に多く、天然記念物に指定されている大木も少なくない。

［琴］［前略］材質としては［継体紀の歌謡によれば］竹の場合もあったということになるが、今日正倉院に伝わる十面の和琴のうち、六面までは檜、三面が桐、一面が黒柿である。大木となって船材に使われるとすれば材は樟（楠）であろうが、樟で作った琴は、今のところ、発見されていない。

「今のところ、発見されていない」という一句に、青木さんの思いが集約されていよう。知らない人にはふつうの注釈に見えるだろうが、ここまでの作業があったうえでの「わからない」だったのである。一事が万事、彼のこだわりは、ときにあきれてしまうほどのもので、「ここまで調べたけれど、やっぱりわからない」ということばをいったい何度、聞いたことだろう。熱っぽい説明を聞きながら、なるほど、そういうことに悩むのか、悩むべきなのか、という学者魂を体感する貴重な経験だった。視点のおもしろさに唸らされつつ、その粘りぶりに感動を覚えたものである。

ここにはじつは、注釈とはどういう作業なのかという根本問題がある。世の注釈書には「わかった」ことしか書いていないものがあって、それはそれで役には立つが、それだけのことであり、本質に迫ったとはいえない。注釈すべきことは何かを見出すことに歴史家としてのセンスがあり、調べきる過程に学者としてのスキルが試される。彼は正面からこの課題に向かった、といえようか。

青木さんの格闘ぶりを目の当たりにしたことで、ぼくは「わからない」ことを抱え込んでいる人を尊敬するようになった。そしてその「わからない」ことが大きければ大きいほど、その人の学問のスケールを大きくするのではないか、とも思ったのである。

「当時の人々は誰もそれを知らない」

青木さんにまつわる話をもう少し続ける。

彼は日本古代史研究者として、若き日に名著『奈良の都』をものし(中央公論社、一九六五年)、卒業論文「雇役制の成立」をはじめとする名論文を何篇も発表、早熟の天才の観があった。しかし、七〇年代後半からほとんど論文を書かず、注釈に没頭する日々となる。なぜ論文をまとめないのか？　惜しむ声をそこかしこから聞いた。その期待は当然であり、ぼく自身、もっと読みたかった。だが一方で、これこそ青木さんらしいという思いがあったことも事実だ。ここまで記してきたように、ぼくの知る青木さんは、なにより「自分がわかりたい」人だったからである。

ここから先はぼくの想像だけれど、彼の「自分がわかりたい」という欲求は、「事実」にとどまらず、当時の人々の「心情」というところにまで及んでいたように思う。学問的手順を踏んで客観的事実に迫るということでは徹底した人だったけれども、それだけではどうしてもわからない当時の人々の悩みや願い、そこまで思いを馳せてしまうのだ。それはもはや歴史研究ではなく、歴史文学の課題ではないかという人がいよう。実際、彼の名文とあいまって、そのような批評がされたこともある。ご自身もそれは知っていて、「研究者の役に立つ、史料に即した分析こそが大事」と言いつつも、「わかりたい」という欲求を捨てなかった。それが彼にしかない叙述の魅力をつくったのではないか、とひそかに思う。そしてそれはおそらく、歴史を視る目の鋭さにつながっていた。

「新日本古典文学大系」に『続日本紀』（編者代表＝青木和夫・稲岡耕二・笹山晴生・白藤礼幸／全五巻。一九八九～一九九八年）がある。各巻の冒頭に時代背景を述べる解説があり、その執筆担当が青木さんだった。ぼくは一読者としてこの解説を楽しみにしていたが、思わずハッとさせられた一文がある（『続日本紀 三』）。

西暦では七一〇年から七八四年までの奈良時代も、この分冊に入ってまもなく半ばを過ぎることになる。しかし、当時の人々は誰もそれを知らない。

いわれてみればそのとおりだ。ぼくらは奈良時代がいつ終わるか、すでに知ってしまっている。しかし、歴史のなかにいた彼らはそれを知らず、おそらくはこの時代が永遠に続くものと何となく思いつつ、行動している。「当時の人々は誰もそれを知らない」、あたりまえだが、そのあたりまえをぼくらはときどき見過ごす。あとからの分析や解釈ではなく、当時の人たちは何を考えたのか？　歴史のなかに自分を置いてみるというのは、案外できそうでできないことである。青木さんにとっては、おそらく自然に出てきたフレーズだろうけれども。ちなみに、彼の名を高からしめた『奈良の都』の結びもこれと関係するのかもしれない。ぼくは高校時代、これを読んで興奮し、結びの文章も気に入っていた。

かえりみればこの一冊が四百九十余ページをついやして述べた時代は、八世紀といっても、主として七〇一年から七七〇年までに過ぎぬ。寿命にめぐまれたひとならば、一生のうちに振り返ることのできるほどの歳月である。さまざまなことが起こったようでもあり、またなにごともなかったかのごとくですらある。往時は茫々として人はすべて亡く、歴史に選ばれた事と物のみが残っている。

だいぶ親しくなってから、まっすぐ訊いてみたことがある。「どうしてあんな結びにしたんですか?」と。答えがおかしかった。もともとあれは原稿になかったそうで、まさに校了というとき、最終頁が数行しかなく、空白がめだつことを編集者が気にした。ちょっとカッコ悪いので、数行書き足してくれという。それでその場で思いついたことを書き足した。そんな事情だったと言うのだ。これには拍子抜けである。「なんだ、そんなことだったんですか」。空白があまりに大きいと気持ち悪いという感覚は、編集者のはしくれであるぼくにもよくわかる。そしてこれは青木さんご自身の感覚でもあったろう。このあたり、いかにもかたちにこだわる青木さんだ。

だが、きっかけがそうであっても、それはそれだけのこと。この大著を締めるときにどう書くか、それはやはり重要なことだ。彼はそれ以上語らなかったから、ここからはぼくの解釈である。思うに彼は、書き終えて、その歴史の場に身を置き、たたずんだのではなかったか。ご自身が言うように「一生のうちに振り返ることのできるほどの歳月」だから、自分がそこにいたならどんな感慨を抱くか、そんな想像をしたのではないかと思う(おそらく無意識のうちに)。それがあの数行につながった。そうは捉えられないだろうか。即興のものだから、あまり深読みするのもどうかと思うけれど、彼は一瞬、その時代の人間になってしまって、詠嘆したように思えたのである。

ここで慌てて付け加えるが、青木さんはたしかなことをしっかり書くという姿勢に徹底していた方であり、実証の甘さには厳しかった。不確かな推測に対して、厳しく問い詰める姿を何度も見ている。すべては徹底的に調べぬいたうえでのことだ。そのうえで、歴史のなかに入り込んでいるからこその感慨・詠嘆、それがそこかしこにうかがえるのが青木さんの書いたものの魅力だったと、いまつくづく思う。

見果てぬ夢――学問の人を偲ぶ

青木さんが亡くなられたのは二〇〇九年八月。ぼくは告別式から帰った晩、どうにもいたたまれず、彼の思い出を書き綴りはじめた。結果として一〇日間を要し、相当な分量になったが（およそ三万字）、それでも書き切れた気がしない。それだけ彼との付き合いは濃密であり、懐かしさに満ちていた。

追悼の文章を書きながら、胸を去来したのは、青木さんという人、何より学問の人であったということである。本稿の最後、その追悼の文章のなかから、世に出ないままに終わった構想に関するくだりをここに引くことで、彼を偲びたいと思う。

日本思想大系『古事記』刊行後、岩波セミナーで連続講演していただいたことがある。

このときの講演は構成じたいがユニークだった。ふつう、神話＝上巻からはじめるが、あえて下巻からはじめたのである。「下巻の物語」Ⅰ・Ⅱ、「中巻の物語」Ⅰ・Ⅱ、「上巻の物語」Ⅰ・Ⅱというぐあいで、まとめを入れて全七回だった。なぜ下巻からはじめたかという理由がふるっている。いわく「出来が悪いから」。

古事記は昔から何のためにつくられたかが大きな論点になっている。それが古事記偽書説につながったりもした。それを考えるときには、出来のいいほうは後回しにして、出来の悪いほうを検討したほうが見えてくるものがある、云々。

このときの青木さんの結論は、古事記は帝王学つまり皇太子教育の書ではなかったか、というもの。たとえば、分量としてははるかに多い日本書紀に比べて、登場する氏族の数が圧倒的に多いのはその証左のひとつ。みずからが治める相手の出自を教えているという。日本書紀は宮廷の書だが、古事記は内廷の書なのだ。他にもいろいろ興味深いことをおっしゃったと思うが、記憶に残るのはこのことである。

この講演はむろん、本にするつもりだった。速記録をお渡しし、手入れをお願いしたが、いっこうに戻ってくるふうがない。どうやらめんどうになってしまわれたか。たしかにこうしたセミナーの場合、その場の雰囲気というものがあり、相手をみて詳しくやったり、時間の関係で省略してしまったりするから、案外大変なのである。相手かまわず原稿を読み上げてしまうような人は簡単だが、相手のレベルや興味を思いやり、セミナーらしいセミナーをする人ほど、あとでまとめるのが難しい。青木さんは教育者としての親切に徹したから、そのまま本にするにはバランスを欠いていたのである。

古事記といえば神話論に特化することが多く、上巻のみを論じるものがほとんどであるとき（当時もいまも事情は変わらない）この講演で語られた内容は歴史研究の立場からの本格的アプローチとなりうるものであった。ぜひ本としてまとめるべきだという声がそこかしこからあり、何度もプッシュしたけれど、ついにかたちにならなかった。見果てぬ夢である。

「〈友だち〉ではなく〈友人〉だった」［田中琢・佐原真］

田中 琢（たなか みがく） 考古学者。一九三三年滋賀県生まれ。奈良国立文化財研究所埋蔵文化財センター長、文化庁文化財鑑査官をへて、奈良国立文化財研究所長。平城宮跡の発掘調査で木簡第1号発見者となったことは著名。著書『平城京』『倭人争乱』『考古学で現代をみる』など。

佐原 真（さはら まこと） 考古学者。一九三二年大阪府生まれ。奈良国立文化財研究所埋蔵文化財センター長をへて、国立歴史民俗博物館館長（同名誉教授）。名エッセイストとしても知られた。著書『銅鐸』『騎馬民族は来なかった』『考古学千夜一夜』など。二〇〇二年逝去。

「どんな本をつくりたいんや」

一九八四年から八五年にかけて刊行したシリーズ「古代日本を発掘する」（責任編集＝坪井清足《きよたり》、田中琢、狩野久、佐原真。全六冊）は、ぼくにとって初めての企画らしい企画である。

当時、発掘調査による新たな知見がメディアを賑わし、歴史考古学（文字史料のある時代の考古学）に関わる成果が脚光を浴びていた。しかし、刊行されている関連書の多くは個々の発掘成果を紹介するにとどまり、出土品や遺跡・遺構の写真を並べたカタログ的雰囲気が濃厚で、全体像がよく見えない。もっとまとまった叙述ができないものか。それが企画発想の原点であった。やがて、何がわかったという結果もさることながら、どんな空間がイメージされるのか、推理・検証の過程はどうなっているのか、さらにまだ何がわからないのか、つまりは学問研究のありようをわかりやすく語るという企画趣旨にまとまっていく。

だが、相談すべき相手がすぐには見つからなかった。いくらおもしろそうなテーマであっても、書き手がいないのでは絵に描いた餅である。こういうとき、信頼する先輩の存在はありがたい。当時、エガース『考古学研究入門』（岩波書店、一九八一年）の翻訳が進行中であり、その訳者は奈良国立文化財研究所（略称「奈文研」。なお現在の正式名称は「奈良文化財研究所」）の田中琢・佐原真のお二人。担当編集者だったMさんから、彼らに相談したらどうかと示唆される。だがそのときはまだ一面識もない。発掘調査の中心的役割を果たしているのが奈文研であることは承知していたから、ではお二人を意識しつつ、正面から相談してみよう。それで当時所長だった坪井清足さんに手紙を書き、アポイントメントをとった。不安いっぱいとはいえ、ここまでくれば腹を括るしかない。

そして当日。話を聞いた坪井さんはすぐ田中琢さん（当時、埋蔵文化財センター長）を呼んだ。この初対面の印象は強烈である。ちょうど発掘作業の真っ最中であったのか、作業服に長靴で登場、事情を知って発した第一声が「どんな本をつくりたいんや」。まっすぐでフランクな物言いに、無用な緊張はすぐさま解けた。一所懸命に説明すると、即座に「おお、それはおもしろい」。

これには本当にホッとし、大いに勇気をえた。そしてこれは決してリップサービスではなかったとあとで知る。田中さんご自身、二〇年あまり平城宮発掘に携わっていて、自分の仕事は何であったか、ちゃんと考えたいと思っていたのだという。はからずも、著者の欲求と呼応する企画になったわけで、そうと知ったときの嬉しさは忘れがたい。そして編集委員として加わってくださることになる佐原真さん（当時、埋蔵文化財センター研究指導部長）、狩野久さん（当時、飛鳥藤原宮跡発掘調査部長）もおもしろがってくれた。

かくして、企画を具体化すべく、奈文研に通って相談を重ねることになる。やがて『飛鳥藤原の都』『飛鳥の寺と国分寺』『平城京』『大宰府と多賀城』『古代の役所』『古代の村』の六冊編成に確定し、その後、執筆予定者を交えて、扱うべき内容や論述の仕方について詰める打ち合わせが続いた。

「掘った以上、何か想像しただろう」

さて、奈文研に通うということは、相談の会とは別に、雑談の機会があることでも嬉しい出張だった。とくに田中さん佐原さんとの語らいはまことにスリリングで、いちいち「目から鱗」だったのである。

そのひとつ、佐原さんに教えられて、勇気づけられたこと。この企画の眼目のひとつとして考えていた復原想像図のことである。世にある発掘報告書なるものはおおむねデータの羅列と解説であり、しばしば素人にはチンプンカンプン、とりつくしまが無かったりする。どんな空間が浮かんでくるかなど、想像しようもないのがふつうだ。一般向けのパンフレットなどはともかく、学術的報告書とはそういうものかなと思っていたら、佐原さんがあっさり言う、「イギリス考古学には復原図があるよ」と。

そして佐原さんが解説してくれた。イギリス考古学では「掘った以上、何か想像しただろう」と考え、正規の発掘報告書に必ず復原イメージを示すという。そのときいくつか実物を見せてくれたが、たしかにふんだんに当時の空間イメージが図示されている。それもかなり精密で立派なイラストである。

どうやら世界的にみて二つの潮流があるらしい。ひとつは発掘データのみを記すという禁欲的態度で、日本の発掘報告書の多くはこれによる。そしていまひとつが客観的データにくわえ、掘った者にしかわからない感覚を提示するタイプ。前者はドイツ考古学の方法、後者はイギリス考古学の伝統と聞いたように思うが、メモをとっていたわけではないので、たしかではない。ありがたかったのは、想像復原図を示すのは学問的態度に悖《もと》るものではないと知ったことである。そうか、この企画は新しい学術書といった性格をもちうるのか。勇んだことはいうまでもない。刊行時のキャッチフレーズは「発掘現場からの考古学入門」だが（田中さんの発案）、そこには佐原さんに教えられた意味合いも含まれている。

「この男は仕事で掘っておるなあ」

田中さんがつぶやいた忘れられない言葉がある。

企画が動き出し、原稿が揃いはじめたころだ。そのなかに、なんだかピンとこない原稿があった。表や図版も整っており、一見叙述のバランスもよさそうである。しかし、どこか退屈で、引き込むものがない。どうしてだろう？　首をかしげつつ、田中さんを奈文研に訪ねた。彼は一読するやいなや、こう喝破した。「この男は仕事で掘っておるなあ。何がおもしろいんやろ」。

思わずハッとしたことをいまも鮮やかに思い出す。もちろん仕事は仕事である。しかしどれだけ本物の好奇心、探究心があるかが仕事の質を決めるのであり、ルーティンと化しては本当の意味での仕事にすらならない。田中さんはそう言ったのだとぼくは解釈した。

ふとしたつぶやきだから、田中さんはもう覚えていないかもしれない（後年、ご本人に訊いてみたことがある。「そんなこと言ったんかいなあ」という返事だった）。実際、田中さんの本領はこのあとにあり、テキパキと問題点を指摘し、執筆者を交えて話し合い、迫力ある叙述に仕上げていってくれた。同じデータであり、同じ内容なのに、読後感がまるで違う。脱帽であった。執筆者もすごい勉強になったはずである。

そしてこの一言、ぼくは自分自身の仕事の文脈になぞらえることで、大事な金言として意味を持っていく。出版社は一企業である以上、ビジネスであり商売であることから逃れられない。しかし、そう割り切ってしまうと、なにか肝心なものが欠落する。出版に携わる誠実な職人でありたいと願うとき、はみ出てしまうものを自分なりにどう捉えるか。その模索にひとつのかたちを与えてくれた言葉だったのである。

表現は単純だ。しかしそれだけに強烈であった。その後、しばしばこの場面を思い出しては、「いまの自分はどうだろうか?」と思い返したりしたものである。

「隠された常識」を言葉にする

さて、いまのエピソード。当初原稿を読んだときに、「いまひとつピンとこない」という感想を抱いたには、テクニカルな問題もあった。「隠された常識」の説明が乏しかったことである。「隠された常識」とはぼくの造語だが、これに気づかされたのは田中さん佐原さんのチェックであり、ふとした雑談のおかげであった。お二人は素人がつまずくところをよくご存じなのである。

つまり、その分野の研究者にとって当然の前提=常識がある。常識だけに説明されないことが多い。だが、その世界に馴染んでいない一般読者の多くはその常識を知らず、説明抜きで叙述されると、だんだんついていけなくなり、ときに混乱する。ついには、どこがわからないのかもわからなくなってしまい、「もういいや」と放り出すことさえ起きる。

ごく初歩的な例を挙げてみよう。佐原さんがある日、ぼくにこう訊いた。「考古学というとすぐ発掘、という話になるよね。なんで掘るんだと思う？」

このとき瞬間的に「だって、埋まっているんでしょう」と言いそうになり、すぐに「ア、そう簡単には言えないか」と気づく。古代ローマのコロッセウムとか水道とか、地表にある遺跡は数多く、インダス文明のモヘンジョ・ダロなどもそのまま廃墟になっていると聞いていた。遺跡は必ずしも埋まってはいない。答え「多くは遺跡そのものじゃなくて、痕跡を探しているんだよ」。都が遷《うつ》るとき、建物を取り壊し、分解して次の都に運んだ。柱を引っこ抜けば、そこに土砂が入る。あとから入った土だから、まわりの土と色が違う。この色の区別を慎重に見分けながら掘ってみれば、柱穴の存在がわかり、ここにどんな建物があったか推測できる。日本での発掘はおおむねそういう作業なのである。これは研究者のみならず、発掘現場を見学する熱心な考古学ファンにも常識だろう。ごくあたりまえの前提であって、ぼくもぼんやりわかっていたはずなのである。だが、あくまで「ぼんやり」であり、本当に身についていなかった。こうしたことどもを必要に応じてしっかり説明してくれると、叙述がとても身近なものになっていく。

ここでひとつ、読者に質問してみよう。「仮にいま人類が滅びたとする。異星人が地球に来て発掘調査をしたとするなら、もっとも深い遺跡は何か?」

これに即答できる人はそうはいないはずである。設定の荒唐無稽さとあいまって、質問の趣旨をはかりかね、戸惑う人が多いのではなかろうか。それでも、しばらく考えれば、答えを出せるかもしれない。そう、現代の地下鉄である。たしかにいま、もっとも地表から遠くにある深い施設といえば、地下鉄なのだ。

じつはこれ、遺跡とは何か、発掘するとはどういうことか、という根本問題に関わっている。われわれ素人はつい、古いものほど地下深くにあると思いがちだ。ぼく自身、深く考えもせず、ぼんやりと新しい時代のものほど地表に近いイメージを持っていた。だが話は逆なのである。遺跡とは人間の活動の痕跡であり、自然に降り積もっていく地層とは違う。深く掘り下げる技術ができてこそ、遺跡が深くなる。強引に図式化するなら、古いものほど地表に近く、新しいものほど深いところにあることになる。ちょっとした盲点だ。

「隠された常識」の発見が編集の大切な役割のひとつだと理解したのは、このシリーズを編集したゆえであり、なかんずく田中さん佐原さんのおかげだった。そしてこの経験は、その後担当することになる新書編集で大いに役立つことになる。

「初代の誇りを持て」

かくしてこのシリーズ、田中琢『平城京』を皮切りに(一九八四年一二月)、狩野久・木下正史『飛鳥藤原の都』（一九八五年一二月）をもって完結する。結果からすればちょうど一年だから、順調な進行にみえるかもしれないが、内実は修羅場だった。刊行期日を守るためにしばしば徹夜作業となり、ぎりぎりの進行が続く。チームを組んだ製作者Kさん校正者Tさんも苦笑しつつ、よく付き合ってくれたものである。そういえば最終巻、名うての遅筆家、狩野久さんには飛鳥の宿に「缶詰」になっていただき（ちなみにこの人、みずからの書斎を「遅筆堂」と名づけている）、二泊三日で仕上げていただいたものだ。このとき、企画の牽引者である田中さんもその宿に「出勤」してくれて、叙述全体を整える作業をしてくれたことを懐かしく思い出す。

だが修羅場の連続とはいえ、苦しかったという思いはまったくない。ぼくにとって初めての企画らしい企画だったから、緊張していたことは事実で、それゆえに疲れを自覚しなかったという面はあるだろう。しかも当時はまだ三〇代、若さゆえに体力気力は十分にあった。だがそれ以上に張り切る理由があった。日本思想大系当時の上司Nさんの励ましがとてもありがたく、深く納得していたからである。

「この本は初めての試み、つまり初代だよね。岩波書店の伝統は初代を作り出すことだよ」と。じつはこのシリーズ、これまでにない新しいタイプの本であるから（またそれをめざしたから）、販売目標が立てにくいという側面があった。体裁からすれば「図録もの」に見えるのに、文字が多すぎるために難しそうに感じられる、だから読者対象がはっきりせず、つまりは売りにくいという声があり、不安になったりもしたのである。それだけにこのNさんの言葉にいかに勇気づけられたか、ご想像いただけよう。

「初代の誇りを持て」、これはその後の編集活動にあたっても大切な金言となった。冒険してこそ企画なのである。もっとも、冒険であればあるほど、さまざまな工夫が必要であることもまた事実。その意味で「売りにくい」と評してくれた人にも感謝している。広めるためにどうしたらいいか、ぼくなりのノウハウが鍛えられることになったのだから。

結果としてこの企画、好調なスタートを切ることができ（ここには田中さんがみずからの人脈を生かし、広く紹介してくれたことが関係していた。感謝を込めて特記したい）、次第に部数を伸ばして、予想以上の成果をおさめることになった（各冊とも一万部超）。

佐原さんの歌の思い出

ここでひとつ、ごく個人的な思い出を記すことをお許し願いたい。

完結したあと、田中さん佐原さんのお二人を囲んで、ささやかな打ち上げをした。場所は東京の庶民的小料理屋の二階座敷（新宿だったように思うがさだかでない）。参加したのは全冊を担当した製作者Kさんと校正者Tさん、そして先輩編集者Mさん（進行中だった企画「日本考古学講座」の担当者で、お二人はこのとき、その打ち合わせで上京されたと記憶する）。総計六名のこぢんまりした会で、それだけに和気藹々であった。田中さんいわく「ともに苦労した仲間の会やな」。

はっきり覚えている場面がある。佐原さんが乾杯のあとすぐ（佐原さんはアルコールを受けつけないのでジュース）、「お祝いの席だから」と言いつつ正座したかと思うと、歌い出したのである。ベートーヴェン第九交響曲より「歓喜の歌」。むろん原語＝ドイツ語。これには一瞬あっけにとられたものの、じわじわと嬉しさが湧いてきたことを思い出す。いまでもその歌声が耳に蘇るようだ。

じつは佐原さんがドイツ・リートをよく歌うことは当時から有名であり、ぼくもぼんやり知ってはいた。彼は京都大学大学院で考古学を学ぶ前に、大阪外国語大学を経由しているのだが、そのときドイツ語を専攻したのは、「シューベルトを原語で歌いたかったから」だという。ウソかホントか知らないが、ご本人はそうおっしゃる。それにしても、完結祝いの会で、それも会の劈頭《へきとう》で歌ってくださるとは！　これほど感激したことはない。

ちなみに佐原さんの歌といえば、いまひとつ覚えている場面がある。彼が佐倉の国立歴史民俗博物館館長となってしばらくしてだから、一九九〇年代半ばのこと。ぼくは友人といっしょに博物館を訪ね、佐原さんに挨拶すべく館長室に行った。その友人は日本でも有数の混声合唱団の現役メンバーだったのだが、それを知った佐原さん、すぐに反応した。「じゃ、歌おう」。

彼のフレンドリーな率直さはよく承知していたが、まったくの初対面で「歌おう」には驚いた。戸惑う友人をしりめに、「何がいい？　『赤とんぼ』なら歌えるよな？」わが友人がそっと歌いだすと、彼はすぐハーモニーの声を合わせる。館長室がときならぬ合唱の場になったものである。帰りぎわ、隣室にいた館長秘書さん、ニコニコしながら「いいものを聴かせてもらいました」。

現代の問題につなげるために

岩波新書の編集担当となってほどなく、田中さん佐原さんのコラボで本づくりをした。『考古学の散歩道』である（一九九三年）。もとになったのは、英文月刊誌『ルック・ジャパン』に書かれた交互連載。田中さんにその日本文を見せていただき、そのおもしろさに一驚したことが起点である。外国人向けだけにかえって、ふつうは説明されない「隠された常識」がふんだんに明かされており、ぜひ新書にしたいと興奮したものだ。結果として、いくつかの新稿を加え（佐原さんは連載を下敷きにしつつ全編書下ろし）、一冊にまとまった。

お二人の個性・姿勢がいかんなく発揮された見事なエッセイ集といえよう。研究蓄積をしっかり踏まえ、きちんと紹介するという学問的手順に関していささかも手を抜かず、それでいて決して硬くない。素人の疑問を理解し、同じ目線で語ってくれているからだ。これはできそうでできないことで、お二人の力量のすごさをつくづく感じた。

たとえばということで、ひとつだけ紹介しよう。装身具の話である。日本の着物文化は直接身に着ける装身具が無いことで知られる。千数百年も装身具を欠いた文化が続いたのは世界的にもめずらしい。しかし、一万年以上つづいた縄文時代では、出土土偶《どぐう》に明らかなように、ネックレスらしきものが付されていた。簡単に日本の伝統などといえないのである。ちなみに縄文人のイヤリングはどうやらピアスらしい。弥生時代にはイヤリングじたいが消えてしまうが、これには耳たぶの大きさが関係していたようである。縄文人に比較して弥生人の耳たぶは小さいという人類学の知見が紹介されていた。

エッセイを要約するほど野暮なことはないからここまでにするが、闊達に話題を広げていて、その一々がまことに興味深い。

そして、そうしたモノのおもしろさと現代的問題を切り離さないところに、お二人の真骨頂があった。この本のプロローグとエピローグはお二人の対談で構成したが、そこで佐原さんはこう言っている（プロローグ）。

佐原　テーマの選定は話しあったけれど、結局はお互い独立して書いている。何でそれがいっしょになるか。考えてみると、接近《アプローチ》の仕方はちがうが、考古学と現代の問題をつなげようという意識は共通している。それがこの本全体を通した課題《テーマ》、そういっていいだろうね。

この姿勢は全体を貫いており、とくに最終章では現代の問題を正面から取り上げ、縦横に論じていた。

田中さんは考古学ほど政治に利用された学問はない、という。ナチスが他国を併呑していくとき、表向きの理由に使ったのは言語学と考古学だ。「われわれの祖先がそこにいた、だからわれわれはいま、そこに権利を主張する根拠がある」と。田中さんはかつてそういう論法が使われたことを検証し、いまもそれが克服されていないことをいう。たとえば、イスラエルの発掘調査はかつての王国の版図の確認という視点が強い。そのため、アラブの遺跡を破壊しているという国際的批判があるという。発掘調査とは現状を破壊してしまう行為だから、アラブの遺跡に無頓着であれば、それはそのまま破壊なのである。ともあれ、領土問題と関わってしまいかねない要素をつねにはらむ学問なのだと警鐘を鳴らす。

佐原さんは縄紋時代に戦争はなかった、という（ちなみに佐原さんは「縄文」ではなく「縄紋」と表記する）。佐原さんが言いたかったのは、戦うのは人間の本性で戦争が起きるのはやむをえない、といった主張がいかに根拠のないものであるかであった。農耕社会になり余剰生産物ができたからこそ戦争がはじまるのであり、それは弥生時代の防御集落がよく示している。社会的事情ならば克服できるはずだ。考古発掘に携わっている人間だからこそ、このメッセージを発信しなければならない、それが佐原さんの思いだった。

いまなお意味のある議論だろう。というより、いまこそ考えるべき視点というべきか。

「〈友だち〉ではなく〈友人〉だった」

平城遷都一三〇〇年記念祭で賑わう二〇一〇年の九月半ば、まだ酷暑が続くある日、久しぶりに田中さんを奈良のお宅に訪ねた。彼は退官したときに（一九九九年）、学界と縁を切って見事に引退したから、出版企画もすべて潰え、仕事上のつきあいはなくなっていた。だから本当に久しぶりだったのである。

「おお、元気そうじゃな」。四方山話がはずんで、やがて亡くなった佐原さんのことに及んだ（佐原さんは二〇〇二年逝去される）。そのとき、彼は少し居住まいを正した。いわく「〈友だち〉というのではなく、〈友人〉だった。これほど大事な〈友人〉もいなかった」。

これは初めて聞いた表現だったけれど、そのときすぐに思い出した場面がある。新書『考古学の散歩道』をつくったときのやりとりである（「プロローグ」）。

佐原　あなたとは三〇年来の議論相手だけど、興味のもちかたといい、文体といい、だいぶちがっていて、案外共通するものは少ないんだよね。……

田中　大きな意味では認めあっていて、しかも共通することが決して多くない、というのがおもしろいんやと思う。お互い、ゆずらんところは頑としてゆずらんところがあるしな。それがおもしろいんとちがうか。

田中さんと佐原さんは年齢・経歴ともに近しいものがあったけれど、たしかに肌合い・雰囲気はそれぞれ独特で、魅力のありようが違った。しかし、ともに職人肌であり、ともに現代的問題に強い関心を抱いていた。そして機会さえあれば議論しあい、刺激しあっていたと聞く。ぼくのなかで、お二人はまさしく「名コンビ」であった。

田中さんが「友だち」ではなく「友人」と言ったには、その含意があるだろう。彼のいう「友だち」とは、安らぎを与える許しあう関係、そして「友人」とは、緊張感を保ち高めあい刺激しあう関係だと、ぼくは理解した。彼はこのとき、それ以上語らなかったから、これはぼくの解釈だけど、多分間違っていない。

「友だち」ではなく「友人」であり、だからこその大切な関係——この言葉には田中さんの痛切な思いが込められている。ぼくも知らず居住まいを正した。忘れがたい場面である。

Ⅱ

山藤章二『似顔絵』（2000年）

岩波新書は定期刊行ブロックで（当時は毎月四冊）、編集部構成メンバーは限られていますから（当時は八名）、自分の得意分野のみを担当するのではなく、多岐にわたるテーマをこなすことになります。わたしは当時、自分にとって新書企画の性格は大きく二つに分けられると捉え、「陣地戦」「空中戦」と称していました。「陣地戦」は自分がある程度の土地勘を持つ分野（わたしの場合はおおむね歴史分野）であり、「空中戦」は知らなかった世界への冒険です。むろん一冊一冊はつねに個性的なものですから、簡単に分類してはいけませんけれど、やはり重視すべき観点が違い、編集作法の基本が異なります。

岩波新書編集部に在籍した八年間で（一九九一〜一九九九年）、わたしが担当した新書は六十数冊。その過半は「陣地戦」で、どの本にも忘れがたい思い出があります。しかしまったく新しい経験となったのはやはり「空中戦」。本章では「空中戦」を中心に綴ります。

「みんなが反対すれば止めさせられる」［阿波根昌鴻］

阿波根昌鴻（あはごん しょうこう）　沖縄反戦地主、平和運動家。一九〇一年沖縄県（本部町）生まれ。一九八四年建設の反戦資料館「命どぅ宝の家」で、子どもたちをはじめとする来館者に平和の大切さを説き続けた。著書『米軍と農民』『命こそ宝』。二〇〇二年逝去。

初めて沖縄・伊江島を訪ねる

沖縄・伊江島に出張し、阿波根昌鴻さんに初めてお目にかかったのは一九九二年の春である。そのときのことをぼくはこう書いていた（「岩波ＪＣＪニュース」一九九二年五月）。

この四月、沖縄に出張した。いくつか用事をあわせたけれども、主目的は伊江島に阿波根昌鴻さんを訪ね、阿波根さんが独力でつくった反戦平和資料館「命どぅ宝（ヌチドゥタカラ）の家」を見てくることである。

阿波根昌鴻さんは一九七三年、岩波新書『米軍と農民』を出した。そのときすでに七〇歳。ふつうなら悠々自適であってもおかしくないのに、それから二〇年、九〇歳になる現在まで、陰湿な日本政府のアメとムチの政策に対抗し、反戦地主として精力的にがんばり続けている。そして、併行して反戦平和資料館を創りだしたのであった。

阿波根さんの主張は明快だ。「戦争はいけない」「みんなが反対すれば止めさせられる」。簡単といえば簡単、単純といえば単純である。そして、だれしも頷かされる真理である。だが、阿波根さんのすごさはそのあとにあった。世の中がどうなろうとも、その一々に動揺することなく、いかなるときもこの単純な真理をつねに基本において、初心をつらぬき続けたことである。いったん掴んだ確信を彼はけっして手放さなかった。しかも、「頑固」にただ守るというのではなく、とりいれるものはとりいれる「柔軟さ」をもって。そのエネルギーはどこからでるのか、その精神の若々しさはどうして可能なのか。ぼくはどうしても彼に会いたかった。

この出張のきっかけになったのは、阿波根さんの盟友である牧瀬恒二さん（彼の尽力で『米軍と農民』が実現した）からの企画提案であった。彼は阿波根さんの二冊目として、反戦資料館＝「命どぅ宝の家」をテーマとして編みたいという。だが全体としての本のイメージが明確でなく、編集会議では首をかしげられた。大切な問題であることはわかる、しかし、一冊の本として構成しうるのか？　阿波根さんにはすでに『米軍と農民』がある、そこで十分に語っていただいているのではないか？
本づくりの常識として当然出てくる疑問である。ぼくも大いに迷った。企画をあきらめるのは簡単だが、でも、なにかひっかかるものがある。さいわい、沖縄関連の企画が他にもあったから、それと兼ねるかたちで一度お会いしてみよう。そのうえで結論を出そう。こんな前段階あっての伊江島訪問であった。

ボールドウィンさんの言葉

初めてお会いしたときの印象はいまも強烈である。

阿波根さんのお宅を訪ねると、玄関で待っていてくれた。もう杖が必要であり、心臓もだいぶ弱っているとのことだったが、握手をした手には思わぬ力があった。表情は柔和であり、ことばづかいはあくまでていねいだ。……だが資料館を案内して、展示物を説明するとき、声には張りがあり、ときに鋭い眼光を放った。心の底には激しいものがある、絶対に譲らない本物の激しさがあるからこそ、あれほど柔和になれるのであろう、ぼくはそう実感した。（前掲「岩波ＪＣＪニュース」）

彼の歩んだ人生は苛烈というしかない。戦前、若き日には移民募集に応じて南米に渡って働き、帰国してからは農民学校設立を夢見て、営々と土地を準備した。だが、その学校の教師になってほしいと願った一人息子は沖縄戦で行方不明となる。遺骨はもとより、亡くなった場所も状況もわからないままだ。そして学校予定地とした土地は米軍基地に接収され、いまも解放されていない。敗戦時、阿波根さんは四〇代なかば、ようやく人生の目標に向けて軌道に乗ったかというとき、すべて破壊され喪失したのである。これほどの絶望的状況があるだろうか。

これをもたらしたのは戦争である。阿波根さんは来日した平和活動家ボールドウィンさんの講演会で質問する。「どうしたら戦争を止めさせられるのか」と。答え「みんなが反対すれば止めさせられる」。阿波根さんはこれに深く納得した。阿波根さんのすごさはここからである。彼はいかなるときもこの言葉を支えとし、粘り強く闘いつづけた。この言葉、発したのはボールドウィンさんだったが、それをみずからの確信として発信し続けたのは阿波根さんであった。

いま述べたことは前著『米軍と農民』を読んですでに知っていたことだったが、阿波根さんの柔和な表情に接すると、また別の色彩を帯びる。「絶対に譲らない本物の激しさがあるからこそ、あれほど柔和になれるのであろう」、これはお会いしたからこそのいつわらざる実感であった。

迷いがすべて吹っ飛ぶ

反戦資料館＝「命どぅ宝の家」に初めて足を踏み入れたときの衝撃は忘れがたい。ふつうにいう資料館とはまったく違う。展示品はほぼすべて、阿波根さんが拾い集め、あるいは仲間から提供されたものなのだ。文字どおり山のごとく薬莢《やっきょう》が積み重ねられ、パラシュートや模擬爆弾が置かれていた。そして島の人々の軍服や、空き缶でつくった三線《さんしん》、等々。その一々に、阿波根さんの思いのこもった手書きの説明文がつけられている。「子どもたちに平和の大切さを考えてもらおう」というのが彼の姿勢であり、その姿勢で一貫しているけれども、じつは大人こそ考えさせられるのである。

阿波根さんにお会いし、反戦資料館を実見したとき、それまでの迷いがすべて吹っ飛ぶ。人間としての迫力に圧倒され魅せられ、この人の本は出すべきだと確信したのだ。企画のかたちが決まらないまま（このときはまだ、目次も構成も定まっていない）、ともかく出そうと決心したのは、これが初めてである。そしてその後もない。

編集者の確信なくしてはいい企画はできない。これはいまも昔も真理である。ただしそれは必要条件であって、十分条件ではない。編集部メンバーが納得して初めて、企画が成立する。このとき、ぼくが撮影してきた資料館内部の写真が奏功した。写真を見てみんな感動したのである（このときの写真はできあがった新書にも掲載した）。

かくしてゴーサインは出たが、実際にはじめると困難の続出だった。揺るがない確信のすごさは周りを説明しないかぎりわからない。しかし彼はその一々に拘泥しないから、ストーリー構成がむずかしいのだ。これ以上経過についてはふれないが、そもそもの発案者である牧瀬さんの功績の大きさは特筆しておかなければならない。彼が長年にわたって独力で発行していたミニコミ誌『沖縄事情』がなければ、そもそも状況再現が不可能だった。

ともあれ、これまでの編集企画活動すべてを通じて、これほど人格というか、人となりに感銘を受けたことはない。どうしたら阿波根さんの思いに寄り添えるのか、そして彼が体現する「人としての威厳」を伝えることができるか、必死に格闘したことを思い出す。新書『命こそ宝』として、いちおうの結実をみたのは一九九二年一〇月、「沖縄返還」二〇年の節目だった。

「乞食をさせる人間はもっと恥ずかしい」

阿波根さんの前著『米軍と農民』を読み込んだとき、そこで深い感銘を受けたのは、闘争の苛烈さもさることながら、阿波根さんが自分の言葉を創りだしていたことである。

じつにわかりやすい表現で、しかも、思わずいずまいを正させられる強い力をもっている。それは米軍のオフィサーたちでさえ、何度もたじろぎ、頭を垂れるような力を持った言葉であった。だから『命こそ宝』では、彼が編み出した言葉の威力にこそ、焦点を当てたいと願ったのである。本人みずからしばしばいうように、小学校しか出ていない、学問する機会のなかった人である。どうしてこれほどの言葉を持ちえたのか、そしてどうしてあれほどの毅然とした人間たりえたのか。

たとえばこんな言葉があった。「乞食をするのは恥ずかしい。しかし、乞食をさせる人間はもっと恥ずかしい」。阿波根さんたちが住む伊江島は一時、全土が基地とされた。そのとき、阿波根さんたちは沖縄本島を乞食行進する。そのおりにつくった標語がこれである。理不尽な暴力に対する、胸を張った誇り高い人間の宣言だ。

「まず座りましょう」。彼がつくった「米軍への陳情規定」の一項である。いわく「人間は立つと乱暴になります。座って静かに言いましょう」。決して絶望的爆発をしてはならない、被害を可能なかぎり小さくして、粘り強く闘うための知恵といえようか。それにしても、規定の冒頭でこれを言うのはやはりすごいと思う。そして最後に、「農民は人を生かし、軍人は人を殺す。人間としてわれわれのほうがえらい。教え導く心構えでのぞみましょう」と結ぶ。極限状況にあってのこの落ち着き。信念があってこその言葉だろう。

この陳情規定には「反米的にならないこと」という一項もあった。それについて、彼はこう言う（『命こそ宝』）。

わしらには米軍の悪口を言う権利はないし、資格もない。米軍が沖縄、そしてこの伊江島に来たのは戦争があったからですよ。その戦争はだれが起こしたか。日本が起こした。戦争がなければ米軍は沖縄に来ていない。日本が米軍に日本に来てください、伊江島に来てください、そう言ったのと同じである。わしらは日本人として責任がある、そう思っております。だから悪口は言わない。わしらは「鬼畜」ではない、人間である。この陳情規定は、人間としての闘い、という考え方でつくりました。

阿波根さんの話し方には特徴がある。編集者であるぼくに対しても、小学生に対しても、言うことは同じなのである。おそらくすべての人に対して、同じようにしゃべるのだろう。こんな言い方もした。「キリストも釈迦も孔子もマホメットもマルクスもみな、戦争反対ということでは同じである」。多少知識があると、一瞬戸惑う。それぞれ時代も場所も状況もすべて違い、一括するのは無理と思うからだ。しかし、しばらくすると、大切な捉え方と思えてくる。たしかに平和を希求するのは、宗教でも学問でも同じであり、それこそ心に銘じることだ、とも。

「私はこんな立派なことを言ったであろうか」

伊江島出張はさすがにそうたびたびはできない。阿波根さんとお話しする機会は結局、数回にとどまったが、なにものにも代えがたい貴重な時間であったと感謝している。

阿波根さんに最後にお会いしたのは、『命こそ宝』が完成して、お届けにうかがったときである。このときの第一声はいまも忘れられない。いわく「わたしはこんな立派なことを言ったであろうか」。

この本はインタビューを中心に、牧瀬さんの資料を引用しながら流れをたどるかたちになっている。むろんそのつど、ご点検いただいていたけれども、大きな意味では信頼され任せられていた。本ができて、あらためて頭から読み、そんな感想を抱かれたと思しい。だが、たしかに構成しなおしたとはいえ、すべて阿波根さんご自身の言葉なのである。そう言うと、ひとりうなずきながら「そうであったか。ありがとう」。謙虚なお人柄に、胸が熱くなったことを思い出す。お礼を言われてこれほど嬉しかったこともない。

刊行してすぐ、複数の読者から電話があった。すべて、どうすれば資料館へ行けるのか、連絡先を教えてほしいという問い合わせである。同僚・友人たちからも共感の声を聞いた。ある中学高校時代の同級生にいたっては、「井上君のつくった新書のなかでいちばんいい」。阿波根さんの言葉を伝える役目を多少なりとも果たせたか、と嬉しかった。

この新書は発売当時こそ地味だったとはいえ、じっくり売れ続けて、読者からの反応は途切れることが無かった。派手なことを求めず、息長くそして粘り強く――この阿波根さんの姿勢が本のあり方も決めたのか。不思議な暗合を感じている。

「『大往生』はラジオ本なのだ」［永六輔］

永 六輔（えい ろくすけ）放送作家、作詞家、語り手、エッセイスト、ラジオ・パーソナリティなどとして多方面に活躍。一九三三年東京都（浅草）生まれ。本名、永孝雄。著書多数。岩波新書では『大往生』『二度目の大往生』『職人』『芸人』『商人（あきんど）』『夫と妻』『親と子』『嫁と姑』『伝言』の九冊がある。二〇一六年逝去。

紙上バラエティ・紙上ワイド番組だからこそ

永六輔『大往生』（一九九四年）は、発売してすぐ増刷につぐ増刷で、刊行一年あまりで二〇〇万部を突破し、新書はじまって以来のベストセラーとなった。それまでミリオンセラーがなかったわけではないが、すべてロングセラーであり、世代を超えて読みつがれてきたというものであったから（たとえば斎藤茂吉『万葉秀歌』は戦前の刊行である）、このスピードはまったく初めての経験だったのである。

なぜこれほどのベストセラーになったのか？　世の識者からさまざまな論評があり、ぼく自身も担当編集者としてインタビューを受けることが多く、それらしきことをしゃべったけれど、とても本質を捉えきれたという自信はない。ベストセラーとなるには、やはりどこか摩訶不思議なメカニズムが働いている。

とはいえ、ベストセラーとなるメカニズムを作動させたのはこの本の個性・魅力である。話題になる要素はたしかにあったけれども（「タレント・永さんとお堅い岩波新書の不思議なミスマッチ」などと言われたりした）、担当編集者として捉えるべきは、何よりこの本の個性なのだ。何度も考え込んだものだが、いまぼくは、手法としての「ラジオ本」、内容としての「知恵の本」ということに集約されると思っている。

「ラジオ本」は永さん自身の命名だが、言いえて妙、そのとおりと思う。話題がポンポンとび、語録を大事な核としつつ、対談もあればシンポジウムの記録もあり、親父さんの文章もある。いろいろなパターンの文章が永さんというパーソナリティで統一されている。つまりは紙上バラエティ・紙上ワイド番組。だから読みやすい。

この本の最大の話題となった「語録」の評判も、「ラジオ本」と捉えるとわかりやすい。じつは、すでに講談社の『無名人名語録』（一九八七年）にはじまるシリーズがあって、「語録」という手法は知られていた。それなのになぜ、『大往生』の手柄のようにいわれたか。構成し直したこともさることながら、コメントをつけたことで通読しやすくなったことも関係していると思う。語録の途中で永さんが顔を出す、つまり彼の肉声が聞こえる。ラジオでよくある手法で、リスナーからの手紙を読んで、それにコメントを加えたりするのと同じだ。「ラジオ本」という手法は、「知恵の本」という性格にまっすぐ結びついていた。ラジオでは聴いてすぐわかることばでなければならず、ややこしい理屈ではついていけない。高みからの解説ではなく、読者の目の高さで語る姿勢が必須なのだ。いいかえれば、「知識」を「知恵」のことばに転化させる工夫である。話術の達人であり、練達のラジオ・パーソナリティである永さんだからこそ可能となったといえるだろう。

いまいった性格づけは、つくっているときからうすうす感じてはいた。しかし、はっきり自覚していたとはいえず、多くは後知恵である。いまだからそういえるか、ということにすぎない（じつは語録にコメントをつけるというのはこちらの提案で、永さんはこの提案をおもしろがって、期待以上に「さすが」と思うコメントを配してくれたのだが、そのときにはむろん「ラジオ本」などという発想はない）。

ただ、そう捉えることができる、ということを点検しておくことは意味があろう。というのは、じつはぼくは、編集者たるもの、後知恵の整理こそ大切だと思うからである。永さんとの本づくりは、それまでぼくが知っていた編集作法と大きく違っていた。それだけに、新しい可能性につなげるべく、後知恵の整理に励んだことを思い出す。

ぼくはあるときから、出版の任務とはつまり、「残す言葉」を選び抜くことであり、「届く言葉」を編み出すことに集約されるのではないかと思うようになるのだが（岩波出版物に即してあえて図式化すれば、前者の典型は文庫、後者の代表は新書である)、そう思うには永六輔さんとの新書づくりが関係している。新書編集の立場になってぼんやり思っていたことが永さんとの仕事のなかで、はっきりかたちをとったといっていい。

「メモなんかしない」

「語録」に関してもう少し。雑談のおり、まっすぐ訊いたことがある。「語録はいつ、どこにメモされるんですか?」と。すぐさま答えが返ってきた。「メモなんかしない」。続けていわく「時間がたてば忘れていくけれども、本当にいいと思った言葉は残る。一週間たっても記憶から消えない言葉だけを書く」云々。

これにはちょっと驚き、すぐに腑に落ちた。そうか、彼の語録の魅力はこれゆえかと。その場では記録しないどころか、記憶しようとせず、しばらくしてから思い出すことだけを書く。つまり、時間というフィルターにかけ、自分のなかで濾過した言葉なのだ。そうなると当然、強い印象を残した部分が浮き出てくることになり、永さんの個性が裏打ちされた語録になる。決してそのままの「引用」ではなく、彼の身体をくぐった「記憶」なのである。

そして一週間という単位が絶妙であった。座右の銘にしたくなるような名言はともかく、ちょっと洒落た表現だなといったレベルのものは、時間がたつと忘れてしまう。さすがの知恵と感心した。もっとも本当に毎週一回、定期的にまとめたのかどうか、それは知らない。

忙しい人だから、旅先でまとめたり、空き時間に整理したりという場面もありそうだ。肝心なのは一週間という単位を意識して、思い返しては語録を記していたということ。このときにはむろん、ずいぶん前のことが浮かぶかもしれず、つい最近聞いたという言葉も混じる。それは永さんの体温を反映しているということであり、それこそがおもしろいのである。

しかも、永さんの場合、その先があることに気づかされる。彼は「記憶」にまつわる無意識のメカニズムがあることをちゃんと承知していて、それを意識的に活用していた。いつのまにか自分の解釈が入っているのではなく、エッセンスがより伝わる方向で表現を工夫しているのだ。「そういうことなら、こんなふうに言ったほうがもっとおもしろいよ」「ここまで言わなくちゃダメだろう」というふうに。

しばしば、これは永さん自身の言葉ではないのかという感想が生まれるのはゆえなしとしない。小沢昭一さんがこう評したと、ご自身が紹介している。いわく「自分の言いたいことを他人が言っているように書いているから、無責任に何でも書ける、そこがずるいけれどうまい」(『二度目の大往生』一九九五年)。ご本人がよくわかっていらっしゃる。お仲間もまた理解していた。たしかに「ずるいけれどうまい」。

思うに彼、自分の記憶に残るインパクト、そのエッセンスが大事だと考えていた。だからこそ単純な引用にとどめず、ときには自分の言葉を紛れ込ませて、メッセージの趣旨を正確に言いあらわしている。虚実皮膜の世界というべきか、この人、まさに達人だなとしばしば感嘆したものである。

「電波の届くところへ行け」

永さんは「旅する人」として有名であった。なぜ旅をするのか？　そこには民俗学者・宮本常一さんの教えがあると聞かされた。若き日、放送の世界に生きていこうと心を決めたとき、餞《はなむけ》にもらった言葉だという。

放送の人間になるなら、スタジオにこもっていてはダメだ。放送を聴いてくれるのはどんな人たちなのか、そこにはどんな生活があるのか。自分の足で電波の届くところに行って、人に会い、暮らしを知って、放送に生かしなさい。

永さんはこれに深く納得し、それ以来、旅暮らしをむねとし、全国各地でさまざまな人と出会うことを実践した。当時、彼が行っていない場所を探すほうがむずかしいとつくづく思ったものである。思うにこの体験が永さんの知恵のことばの源泉になっている。全国津々浦々の市井の人たちとの交流があるからこそ、彼らの関心のありかを知ることができ、彼らに届くことばが磨かれていったというべきなのだろう。

そういえば、『大往生』が評判になったとき、ある雑誌で読者感想文の特集が組まれ、そのなかに「母が初めて読み通した岩波新書です」というのがあった。それまで岩波新書にあまり縁のなかった人たちにしっかり言葉が届いたことを示すものであり、ひそかに喝采したものだ。語りのわかりやすさとともに、彼らの生活を知っているがゆえの知恵の言葉に満ちていたからに違いない。

ずいぶん先の話になってしまうが、『夫と妻』『親と子』（ともに二〇〇〇年）で全国サイン会をやったときには、別のレベルでそれを体感した。通常のサイン会とは違って、永さんの場合は必ずトークが入る。書店店頭で永さんは、読書することがいかに大事でおもしろいかを軽妙・奔放に語り、読者を魅了した。その場面に立ち合いつつ、教えられ考えさせられることのなんと多かったこと！

じつは全国サイン会が実現するにはこんないきさつがあった。一九九九年春、ぼくは長く在籍した編集部を離れ、営業部に異動する。ふつうはここで永さんとの縁も切れる。残念と思いつつ挨拶にうかがうと、永さんはこう言った。「ぼくは、異動するから後任は誰々というのは好きじゃない」「いまはＪＡだって生産者が売っている。君も自分でつくって、自分で売ればいいじゃないか」。これにはさすがにびっくりし、そして感激した。仕事は君とやりたいと言われたわけで、まさに編集者冥利に尽きる。だが、そんなことができるのか？

途中経過はいっさい省略するが、会社は本務と折り合いをつけることを条件に了承、かくして営業職でありながら永さんの新書については編集を担当するという異例な措置が実現した。その第一弾が『夫と妻』『親と子』だったのである（その後『嫁と姑』『伝言』と続く）。だが二冊同時刊行は編集プロパーであってもタフな仕事、最終段階では本務である営業仕事をさしおいて編集作業に没頭せざるをえない。それですべて校了というある日、永さんにお願いした。本務の営業に協力してほしい、サイン会をしてもらえないかと。そうしたら、「おお、おもしろいね。じゃ、全国でやろう。ぼくはいま町おこしの活動をしている。本屋さんは商店街の要だ。本屋さんの応援団をやろう」。一挙に話が大きくなり、こちらはただ呆然。そして結果として、わずか数ヶ月のうちに、北は北海道・旭川から南は沖縄・那覇まで七十数軒に及ぶ大サイン会が実現する。

大きなムーブメントとする発想力にくわえて、タフな行動力にあらためて瞠目した。サイン会の大部分は彼の講演のあいまをぬって行なわれ、いっしょにまわったぼくのほうが疲労困憊したものだ。ともあれ、おかげでぼくは全国の書店さんに感謝され、大いに面目をほどこすことになる。「自分でつくって自分で売れ」を、言いっぱなしにしないところが永さんの親切であった。

そしてその親切は、永さんにとっては宮本常一さんのことばを大事にしてきた文脈の実践につながるものだったろう。この全国サイン会はまさに「活字の届くところ」＝読者と出会う旅でもあったから。

「名刺の裏書でも全責任」

さて、時間をもどす。岩波新書の三冊目となる『職人』（一九九六年）を出して、しばらくしたころだったと思う。永さんから一喝を食らったことがあった。最後にこのエピソードを。

発端は出版社の合同団体からの依頼である。「新人研修の一環として永さんに講演を頼みたい。お願いしてほしい」というものだった。こうした講演依頼は出版活動とは性格が違うので、ふつうは仲介しない。連絡先をお教えして、直接交渉していただきたいと答えるのがつねだ。ただ、このときはいささか微妙で、岩波も関係している出版団体だったから、打診のみ引き受けた。永さんのプロダクションに連絡し、依頼内容を伝えたところ、すぐに承諾の返事。「おや、忙しいだろうに、いいのかな」と思ったことは思ったが、承知してくれたのならぼくの任務はここまで、あとはそれぞれの窓口で打ち合わせをすればいいと思っていた。したがって日程もつかんでおらず、当日は会場に行かなかった。これに永さんは激怒したのである。「井上が頼んだから来たのだ。それなのに当人が来ないとはどういうことか！」

相当な剣幕だったらしく、「君たちはああいう編集者になってはならない」とまで言ったらしい。講演の途中で、係の人が心配して電話をかけてくるほどだった。電話口でぼくは絶句、いまさら出かけても間に合わないから、そのままにするしかなかった。

講演から数日して仕事の打ち合わせがあった。永さんはまったくふつうの対応で、そんな話はおくびにも出さない。ついに終わり際、ぼくから訊いた。「あれはつなぐだけという話だったんですけど」。間髪いれず返事が返ってきた。いわく「紹介した以上は最後まで責任を持たなければいけない。たとえ名刺の裏書をしただけでも全責任をとる。そういうものだ」。

このとき永さんは別に強く言ったわけではない。語調はむしろやわらかだった。ぼくは内心、当日の永さんの言はいくらなんでも極端ではないか、と納得できないところがあったし、もしかしたら、永さんご自身、講演ではちょっと言い過ぎたかなというテレがあったかもしれない。それ以上の話はなく、その場は終わった。

しかし、あとで反芻しているうちに、流してはいけないことだと思うようになる。通りいっぺんの付き合いなら、このまま終わらせてしまってもいい。しかし、これからもちゃんと付き合っていきたいと思うなら、永さんがあそこまで言ったということをあだやおろそかに捉えてはならないと。永さんは忙しい日常のなかで、ぼくが紹介したという理由で引き受けてくれたのである。重く受けとめてくれたというのはありがたいことであり、信頼された以上は最後までそれに向かい合う義務がある。そういうことなのだな、とあらためて得心した。その意味では、語調はどうあれ、「一喝」と受け取るべきなのである。

付き合いが長くなると、どこか甘えが生じやすく、はなはだしくは狎れてしまったりする。そしてそれは深いところで信頼関係を崩していく。ぼくにとって、そうした危険に気づかせてくれる「一喝」となったと感謝している。

「一喝」以来、ぼくは多少なりとも関係した催しには、何をさておいても必ず顔を出した。そうすると彼は、いたずらっぽく「オヤ、何で君がここにいるの？　いなくていいのに」と言ったりするのだが、こんなやりとりは阿吽《あうん》の呼吸のお遊び。いつも笑い返しては、こう答えていた。「いえいえ、ヒマなもんですから」。

「工夫すべきことは果てがない」［六代目嵐芳三郎］

六代目 嵐芳三郎（あらし よしさぶろう） 歌舞伎俳優。一九三五年東京都生まれ。本名、寺田敏晃。劇団前進座とともに役者人生を歩み、劇団の立女形となる。著書『役者と役の間 嵐芳三郎おぼえ書』。一九九六年逝去。その一周忌に『役者の書置き――女形・演技ノート』が刊行された。

人柄に惚れ込んで

ぼくは歌舞伎にはまったく疎い。この企画が縁になって、前進座歌舞伎にお誘いいいただいて観劇するというありがたい機会が生ずることになるけれども、それまで観たことがなかった。縁がなければ、ついに生涯、歌舞伎を楽しむことはなかったかもしれない。そんなぼくが歌舞伎の本をつくった。

一九九六年三月のことである。永六輔さんが岩波書店に立ち寄り、こう切り出した。「ぼくの大事な友人が書き溜めたものがあり、とてもいい内容だと思う。検討してくれないか」。つづけて訊く、「君は歌舞伎にくわしい？」 ぼくが門外漢と知り、「それじゃ、君では無理かな。誰か別の人に頼んだほうがいいのかな」。俄然、ファイトが湧いた。「広く読んでもらいたいものなんでしょう？　それなら歌舞伎を知らないぼくがおもしろいと思えなければ、しょうがないんじゃないですか」。永さん「それも道理だ」と呵々大笑、こうしてぼくがその原稿を預かることになった。この著者、永さんの大事な友人とは、前進座俳優・六代目嵐芳三郎さんである。

読んでみると、不思議な魅力に満ちている。内容は、自分史・劇団史を縦糸としつつ、歌舞伎十八番「鳴神《なるかみ》」の演技論を語るというもの。荒削りだが、さすが第一線の歌舞伎役者、「小太刀の冴え」は申し分ない。短文エッセイのシャープな切れ味は、あわせて読んだ彼の前著『役者と役の間　嵐芳三郎おぼえ書』（東京新聞出版局、一九九一年）からも感じとれる。しかし、ストーリー構成としてどうかという観点からすると、構成がいかにもアンバランスだ。このままでは一冊の新書にするのは無理がある。

本づくりの立場からすれば、判断がとても難しい性格のものであった。こういうとき、ぼくがやることは決まっている。まず、お会いすることだ、そのうえで判断しよう。お宅にうかがったのは多分、四月末。

初めてお会いしたときのことは、いまもありありと覚えている。あたりまえながら、ぼくには歌舞伎そのものに立ち入って話し込む能力はない。しかし、俳優として課題に立ち向かう熱量がただならないことはそれなりにわかる。そしていわく「工夫すべきことは果てがありません」。看板役者でありながら、芸を磨くのはまだこれからなのだという謙虚な言葉に心打たれた。誠実な人となりに感銘を受け、ぼくは心を決めた。

企画のかたちが決まらないのに出版を決心したのは、沖縄反戦地主・阿波根昌鴻さんしかいない。だが、芳三郎さんの場合もそれに似ていた。元になる原稿はすでにあったけれども、まだ構成は決まっていなかったのだから。そして、お会いしたことが決定的だったということでは、阿波根さんとまったく同じである。

しかし、ぼくの個人的思いを社の企画としてオーソライズするには、みんなが納得できるかたちを整えなければならない。じっさいのところ、けっこうな難題であり、しばしば頭を抱えた。試行錯誤のあげく、ようやく整うかというとき、悲報が届く。芳三郎さんが急逝されたのである。稽古を終えて自宅で休まれていたとき、何の予兆もなく発作に襲われたと聞いた。おそらくは日頃の過労がたたったゆえであったろうが、あまりに突然の事態、呆然たる思いであった。まだ六一歳、惜しんでもあまりある痛恨事というしかない。

それからの進行は芳三郎さんの人徳を偲ばせるものといえる。「芳三郎さんの思いをなんとしても本のかたちにまとめたい」、そう願う方々からまさに惜しみない協力をえたのだ。富永さんやご家族はもちろん、前進座関係者の方々、そして彼の盟友であり親友である小池章太郎さん（当時、跡見学園女子大学教授）。とくに小池さんは全編にわたって点検し、最後の仕上げまで関わってくださった。岩波新書『役者の書置き――女形・演技ノート』として刊行できたのは、芳三郎さんの一周忌、一九九七年八月だった。

編集者の「さかしら」を反省する

この『役者の書置き』、新書の性格にあった本づくりを考えるうえで、とても貴重な経験となった。オリジナルの尊重とリライトの有用性の兼ね合いの問題である。

新書編集にはかならずリライトの要素が入るというのがぼくの持論である。というのは、新書の読者は必ずしもその分野のマニアであったり、ファンであったりするとは限らない。入門書として読まれることが多く、ふつうに論理を追える人にはわかるというかたちに整えなければならないからである。まさに「編集者は最初の読者」なのだ。多くは著者自身にリライトをお願いし、その際、適宜、私案を出して検討材料としてもらう過程をたどる。ときと場合によって、その関わり方やレベルは異なるけれども。

『役者の書置き』の場合、当初原稿を一読した感想は、興味深い叙述がそこかしこにあるものの、構成がアンバランスで、混乱があるというものであった。全体が二部構成で、個人史・劇団史を語る第1部と、歌舞伎十八番「鳴神」演技ノートの第2部からなっていて、分量も語り口も違う。忙しい舞台生活のなかで書き溜めたという事情もあったのだろう、まだ原石で、磨き抜かれていないという要素がときに感じられたりもした。

ぼくはまず、構成の手直しを提案した。二部構成はやめて、第2部「鳴神」演技ノートは半生記のなかに分散させて、挿話ふうに折り込むのでどうかと。芳三郎さんはちょっと首をかしげながら、意向に従いたいむねをおっしゃった。それを受けてぼくは、組み替え作業の前提として、彼の手書き原稿をワープロに打ち込む作業を行なう。ふだんはここまではしないのだが、大きく構成変更するとするなら、まずはもう一度、原稿を吟味しなければならない。かくして一言一句、たしかめながら、原稿を精読・味読した。そしてそのなかで、組み替え提案がまったくの「さかしら」だったと思い知ることになる。微調整は必要だが、骨格はこれでいい、というより、このままがいい。

じつは新書として異例と思い、違和感を覚えたのは第2部「鳴神」演技ノートだったのだが、これは新しい新書づくりの試みとなりうるものだったのである。いわば歌舞伎の紙上公演なのだ。当初その可能性に気づかなかった不明を恥じるほかない。芳三郎さんは役づくりにあたって、先人たちの芸談に学ぶとともに、雑誌『演藝画報』所載の「芝居見たまゝ」を参照したと何度も言及している。この「芝居見たまゝ」は明治四〇年から昭和一八年まで、名優たちの舞台を写真と記事で再現したもの。芳三郎さんいわく、「歌舞伎界の宝とさえ思う」。彼の「鳴神」演技ノートは、まさにご自身による「芝居見たまゝ」だったのではないか。芳三郎さんがどこまで意識したかわからないが、おそらくはぼんやりと、しかし強い思いとしてこの方法への共感があった。常識的なかたちにしてしまったなら、むろんあるレベルの本になっただろうが、大きな可能性を潰していた。「さかしら」のおそろしさをつくづく思ったものである。

その結果、ぼくが考えた第2部のタイトルは「『鳴神』演じたまま」。このときはもう、芳三郎さんは亡くなっておられたけれども、笑って肯んじてくださるものと思っている。

構成が確定してからあとは、説明の追加や最小限の文体統一など、微調整の問題である。仕上げにあたって、小池さんの奮闘ぶりは特筆すべきものがあった。そして序文を寄せた永六輔さん（『役者の書置き』というタイトルも永さんの案である）、そして芳三郎夫人寺田梨絵子さんや弟の嵐圭史さん、子息市太郎さん（現・六代目河原崎国太郎）広成さん（現・七代目嵐芳三郎）、前進座の方々の全面的協力を得て、刊行にいたる。

本書の「後記」で小池さんはこう結ぶ。「六代目芳三郎の花道の引っ込みは、かくも華麗に、人々のご厚意によって飾られた。芳三郎、もって瞑すべし」。

「見えない飢餓にボールをぶつける」［阿久悠］

阿久悠（あくゆう）　作詞家・作家。一九三七年兵庫県（淡路島）生まれ。本名、深田公之。「また逢う日まで」「北の宿から」「勝手にしやがれ」「ＵＦＯ」「雨の慕情」でレコード大賞受賞。著書『作詞入門』『瀬戸内野球少年団』『夢を食った男たち』『日記力』など。岩波書店からは『書き下ろし歌謡曲』のほか、『愛すべき名歌たち』『ただ時の過ぎゆかぬように』『無冠の父』を刊行。二〇〇七年逝去。

「熱」に満ちた破天荒な試み

稀代のヒットメーカーである阿久悠さんから直接、じっくりと歌の話を聞く、こんなぜいたくはそうはあるまい。『書き下ろし歌謡曲』（一九九七年）の編集過程、とりわけロング・インタビューはその稀有の機会となった。

ことの発端は、阿久さん逝去後に刊行された三田完『不機嫌な作詞家』（文藝春秋、二〇一六年）に詳しいので、当該箇所を引用しよう。一九九六年の暮れから翌年新春にかけ、こんな場面があったという。なお、この本の著者＝三田完とは、阿久さんのマネージャーだった長谷川敦さんが作家として活動するときの筆名である。

わずか一か月あまりで百篇もの詞が完成した。神がかり的な集中力だが、これもまた阿久さんにとっては〈行〉の実践だったに違いない。

年が明けて、まずはこの百篇を活字にしてくれる出版社を探そうということになった。詩集などそうそう売れるものではないというのが常識。いくらヒットメーカーの阿久さんとはいえ、未発表の詞を本にするとなるとなかなかハードルが高い。とはいえ、俵万智さんの『サラダ記念日』のように、歌集が一般書としてベストセラーになった例もある。面白がって冒険をしてくれる編集者がどこかにいないものだろうか……。硬いイメージの出版社のほうが可能性があるかもしれない――などと、たいして根拠のない直感で、私は一面識もない岩波新書の編集長にダメもとで手紙を書いた。すぐに丁寧な返事をいただき、永六輔著『大往生』に携わった井上一夫さんを紹介された。

かくして、長谷川さんと日程を調整し、お会いして話を聞くことになる。当時のメモを確認すると一月二四日。

このときぼくはまず、心を真っ白にして、ことばが沁み込むのを待つという心持で臨んだ。

なぜなら、新しい性格の企画こそ「熱」の有無が重要だからである（すでにいただいていた手紙で、前代未聞の破天荒な試みであることは承知していた）。どれほどの「熱」をもった仕事なのか？　検討するもしないも、すべてそこから始まる。それなりに編集をやってきた人間として、新書として刊行することのむずかしさはすぐに思い浮かぶが、それはしばらく措く。「さかしら」が先行すると、聞きとるべきことが聞きとれない。そして、その「熱」は予想以上のものであり、ぼくは興奮した。

だが「熱」がホンモノであると感じたときこそ、冷静な判断が必要である。長谷川さん自身が案じていたように、詩集という分野は大部数書目としては成立しにくいことを知っていたし、ましてや詞集となればまったく前例がない。

どうすれば新書として成立しうるか、納得できるものとして押し出せるか。「夢」の実現の手立てを考えることこそが編集の仕事である。その格闘が始まった。

通読性をどう工夫するか

中核は書き下ろされた詞一〇〇編であり、これは動かしようもない。ある意味、完全原稿がすでに用意されているわけで、出すか出さないか、検討すべきはそれだけといえばそれだけ。だが、このままでは通読性に欠ける。また何のための本か、読者にわからないだろう。

ぼくはこの年の正月、阿久さんが書いたエッセイに惚れていた。題して「言葉を食ったネズミ」（朝日新聞夕刊一月四日）。ここに彼は、「物書きの　いのち齧るかネの年は　訃報に春は影を落として」という自作のニュース短歌を載せ、司馬遼太郎・遠藤周作といった方々を偲ぶのだが、「ネズミが歯を立てて齧ったのは作家の命だけでなく、言葉そのものではないか」「それくらい言葉の存在が現代で希薄になり、不足している」と述べ、その趨勢に対する挑戦が百篇の詞だったと結ぶ。この思い、この心意気にぼくは感銘を受けたが、彼のこの思いは詞を掲げただけでは伝わらない。

歌詞のみならず、エッセイを加える必要があるとは、編集部の多数意見でもあった。このままのかたちでも、玄人にはそのすごさはわかるのだろう、しかし、読者の大多数である素人におもしろがってもらえるか？　いうまでもなく、これは「勝負企画」なのである。新書という器でこの魅力的なチャレンジを成功させるカギは「通読性」をどう工夫できるかにかかっている。そしてその要はエッセイ部分をどうつくるかだ。挑戦するに価する企画であるだけに、阿久さんの思いを受けとめつつ新書の性格に合うよう調整したい。

そのために、ふつうはやらないことをやった。論点をすべて列挙し、検討すべき課題を整理した企画メモをつくったのである。かなり長いものになった。そして長谷川さんには新書編集部の意見・感想を率直に伝えるとともに、このメモを手渡す。長谷川さんはこれをしっかり受けとめてくれた。長谷川さんはこれをプロダクション首脳にも見せ、「いままでここまで検討してくれた出版社はなかった」といって喜んでくれたと、あとで聞く。むろん阿久さんも読んでくれて、こちらの要請の意味をすべて理解し、了承するという。

長谷川さんから好意的な反応があったことを聞き、ぼくとしても、メモのつくりがいがあったとてとても嬉しく感じたことを思い出す。

阿久悠さんにお会いして

阿久さんと初めてお会いしたのは二月二八日。それまでぼくの知っていた阿久さんのイメージといえば、なんといっても人気テレビ番組『スター誕生!』審査員としてであり、ギラギラした印象が強かった。決して好感度の高いキャラクターではない。いわば、まだ素人のタレント予備軍にやたらきつい質問をして立ち往生させるコワモテのおじさん、というところか。幼いといっていいくらいの少女たちに、なんであそこまで……いまならあれこそ阿久さんのやさしさと思うが、その当時は反発さえ感じていた。いずれにせよ歯に衣着せない毒舌を吐く悪役、それがイメージだったから、初めてお会いするときには、かなり緊張したことを告白する。

ちなみに、これはぼくだけの感想ではなく、あの番組を観ていた人はすべて、といっていいほど共通する感覚であった。長谷川さん＝三田完さんの表現を借りれば、あの番組の阿久さんはまさに「不機嫌な作詞家」そのものだったのである。そこには、いかにも阿久さんらしい理由があったことをこの本で知った。

なぜ『スター誕生！』の審査員席で阿久さんはあんなに険しい顔をしていたのか、後年、尋ねてみたことがある。

「番組をはじめるとき、決意したんだよ――出場者の前で笑顔を見せるのはやめようと。これからプロをめざすひとたちなんだから、子供扱いしちゃいけない。大人に対するのと同じような感想を言わないと失礼だと」

なるほど、そうだったのか。「不思議に律儀な作詞家」であり、「不機嫌に見えることを厭わない作詞家」だったのか。それにしても、そんな評判は伝わったであろうに、一貫して姿勢を変えないあたり、あの人の「律儀さ」は尋常じゃない。

ともあれ、実際にお会いすると、印象がまるで違った。ぼくのようなチンピラに対してもじつに礼儀正しく、こちらが恐縮する体のものであったし、しゃべり方も温厚、いささか肩透かしの感すらあった。その後おつきあいするなかで、じつはシャイな人であり、むしろテレ屋さんなのだとわかってくる。

いまひとつ感じたことがある。自分の仕事はもう終わった、あとはすべてあなたにまかせるといういさぎよさである。こうしたい、ああしたい、ということはいっさい言わない。本をつくるプロはそちらであり、そちらの要請にしたがうという態度である。そこまで信頼されたらこちらも全力を尽くす覚悟が生まれるというものである。緊張するが、しかし緊張しがいのある仕事だ、そう勇んだものだ。

最初の出会いの好感度はきわめて高く、その勢いもあって、その晩すぐエッセイ部分のイメージづくりに取り組む。材料はすでに手元にあった。長谷川さんに頼み、入手可能な阿久さんの著書や雑誌エッセイ、対談記録など関係文書をお借りして、ほぼ読み切っていたからである。このとき、これと思う言葉の抜書作業もある程度できていた。それを完成させ、それを前提に仮構成案をつくるという作業。これまた、けっこう大部のメモとなったのだが、メモの日付をみると二月二九日、一晩で仕上げたらしい。もしかしたら、ほぼ徹夜だったか。そのときぼくは「燃えた」のだ。

インタビューに先立って

じつはその後、企画のありようをめぐって議論が生じ、いささか手間取ることになるが、そのあたりはすべて割愛する。重要なのは、その間の経過のなかで、エッセイではなく、インタビューに切り替えたことである。

仮構成案のための抜書づくりはそのまま、インタビューの準備作業となった。このとき、もっともおもしろかったのは彼の最初の著作『作詞入門』(産報、一九七二年)である。阿久さんは当時三五歳。若さもあってか、ともかく挑戦的なのだ。これからの歌詞はこうでなければばならないという熱っぽさに満ちていて、あたるを幸い、なぎ倒すという迫力が文章のそこかしこからうかがえた。阿久さんらしい警句というか、しびれる言葉がいくつもあり、インタビューへの期待がいよいよ高まったものである。たとえばということで三つほど。

▼「こうすれば作詞家になれる」というものは絶対にない。作詩に方程式はない。絶対にない。あったとすれば、それはもう古くて使えない。自分なりの方程式を創らなければならない。計算の達者な人が数学者になれるわけではない。新しい方程式を考えることのできる人を数学者と呼ぶのである。

▼歌謡曲の詞には、常に新しいということが要求される。ただし、今までになかったということは、未発見ということの他に、あってはいけないという理由も含まれている。常識はつまらない。しかし、非常識はなおつまらない。

▼ぼくは推敲を重ねるなんてことをあまりやらない。いちばん最初に出てきた言葉は、やはりいちばんフレッシュだ。推敲して書き直し、それで詞がよくなった試しは、まずない。「これは非常に新しい言葉だ」などとほめられるのは、ほとんどの場合、ふっと出てきた言葉である。プロならば、推敲に推敲を重ねてしぼりだすのではなく、自然に、湧き出るように出てこなければウソだ。これを時間でいうと、ぼくの場合、だいたい二時間で一篇である。短時間でできたものほどいい。

雑誌エッセイがまた興味深い。都はるみが歌って大ヒットした『北の宿から』(一九七六年レコード大賞)の女性像のくだりには引き込まれた(「饒舌の世代と寡黙の世代」)。

どうしてあんな恐ろしい歌を書くんだ、女があんなふうにねっとりと見つめながら、「あなた、死んでもいいですか」なんて言い出したらどうするんだ、よくまあ、あんな恐ろしい詩が書けるねというのが一つの評判で、もうひとつは、実にいい歌を書いてくれた、おれたちの周囲には、ああいった耐える女というのはまったくいなくなってしまった、そんな女が存在するということを知らせてくれただけでも非常にうれしい、そういった評と、まったく二つに別れたわけです。で、どっちが私の本音かというと、どっちも私の本音ではない。

古風な女を書くつもりでもないし、男を脅迫するタイプの、いちばん困るタイプのいちばん捨てるのにやっかいなタイプの女を書くつもりでもなんでもなかった。

そして言う、「悲しい女」とか「怖い女」とかではなく「強い女」を描いたのだと。男と別れて自立しようとする女がみずからの儀式としてセーターを編むのであり、だから「女心の未練でしょう」と言い切っている、云々。もっとも歌謡曲はリアクションの芸術なので、作者がどう言おうと、受け取られ方で決まるものだと付け加えていた。

「変装しているんですよ、みんな」

インタビューでは、こうした前提知識を頭に入れたうえで質問を考え、ぶつけたわけだが、あらためて語ってもらうと、その言葉のひとつひとつが新しい光を帯び、躍動する。

阿久さんのもっとも大事なキーワードは「時代」である。時代の空気、時代のにおい、そして時代の飢餓感。彼はかつてこう言っていた、「大仰なイデオロギーじゃなくて、少し欲しがっているけどそれがじつはあいまいで、いったいどこで答えをみつけたらいいかわからないようなものを、半歩先で〈これではないですか〉と見せる」、それが「時代の飢餓に歌をぶつける」ことだと。この話はもっと訊きたい、もっとしゃべってほしい。そうすると、こんな答えが返ってくる。「豊かな時代になったと言われているけど、何かしら飢餓は存在している。この見えない飢餓にボールをぶっつけて、〈ああ、それそれ〉といわせるのが歌なんですよ」と言ったうえで、「変装」というタームを強調した。

いま僕はこんなふうに言っているんですが、歌とはつまり、「時代のなかで変装している心を探す作業」であるとね。愛も、幸福も、悲しみも、淋しさも、怒りも、痛みも、なんかの事情で隠れてしまっているのが現代なんじゃないか。少し化粧を落としてみたり、少し脱いでみたりしたら、そうしたら少し楽しく、のびのびと心を開けるんじゃないか、歌はそれをやれるはずだし、やるべきだと思うわけです。変装しているんですよ、みんな。

ぼくが事前に準備したのは、あくまで阿久さんが語りだすきっかけをつくるための材料にすぎない。話が広がり、予想外の展開をしていってこそ、インタビューの醍醐味というものである。ひたすら阿久さんの語りに身をまかせる。これはまさに快感であった。

それにしても、ぼくの知っている曲の表情がまったく違うものに変化していくのには驚かされた。分析が見事なのである。ついつい身を乗り出して、唸る。

そのなかに「港」「港町」の話があった。どっちを使っても、同じ場所をさすことに変わりはない。しかし方向が逆なのだという。いわく、「港」というと海を向いていて、外に開けている（たとえば『波浮の港』）。ところが「港町」というと、行くところが無くなったどんづまり感があり、つまり海を背にしている（たとえば『港町ブルース』）。いわれてみるとたしかにそのとおり、ここでも目から鱗が落ちた。

ちなみに、準備段階で読んだなかにあった「二時間で一篇つくる」という一句が印象に残っていたので、ふと思いついて訊いてみた。「二時間でできなかったときは、どうするんですか?」すぐさま返事があった。「捨てる」。こともなげに「捨てる」と言い切ることのすごさに、またまた圧倒されたものである。

「事実」はあるのに「情緒の表現」がまだ無い

インタビューは結局、二部構成とした。「僕の歌謡曲論」「書き下ろしという冒険」。いま挙げたのは前者に入っていて、阿久悠ファンにはたまらないところだが、後者はまさにこの本の眼目というべきテーマ、初めて語る題材である。それゆえだろうか、阿久さんの語りも心なしか溌溂としている。このなかではとくに、新作歌詞の一グループ「ライトブルース」の話が印象に残った。

たぶんこれからの大テーマだと思うのだけど、女性が社会進出した。……法や制度はともかく、感情をどうコントロールしていくのか、これからのテーマとして女性にも降りかかってくる。いいことばっかりじゃないですから。……

たとえばかつて、明かりのついていない部屋に入る、あるいは暖房っけのない部屋に入ることのつらさを痛感してふいに誰かと住みたくなる、なぜなら寒いからだという男の感覚があった。それが今度は女性のほうにもそういう感覚が生まれるはずなんです。事実としてはずいぶん前から登場してきた。それを情緒として描くときは、それをうまく描いた歌がなかったんです。……

女が一人で酒を飲んでいるのは、つねに悲しいと決まっていたんですが、それだけじゃもう、現代を表現できなくなってしまう。「ライトブルース」は、これからの女性が歌う、口ずさむ演歌といったら変ですけどね、軽い感じのブルースになればいい。

つまり、自信がなくなっての寂しさではなく、自信があるけど寂しいというのはこれまで男の世界のことだった、しかしそれはいまは女もあるだろう、と言うのである。これだけ女性が進出している現代で、状況としてはすでにあるにもかかわらず、まだ情緒としては表現がなされていない、云々。それをつくるのが作詞家だというのはさすが阿久さん。「時代」を掴む作詞家の面目躍如である。

インタビューに要した時間はどれくらいだったのだろう。ぼくの体内時間はかなり長く、一〇時間にも感じられたが、おそらく五～六時間かと思われる。これは調べればわかることだが、じつはどうでもいい。内容があまりに濃密なとき、物理的時間の多寡など記憶に残らないものであり、それこそが大事だからである。

痛恨というべき「後知恵」

かくして『書き下ろし歌謡曲』が完成した。そして刊行直後、阿久さんは菊池寛賞を受賞する。授賞パーティーの席上、彼はぼくにこう言った、「授賞理由に〈五一〇〇曲の作詞活動〉とある、ぼくはつねづね五〇〇〇曲はつくったと言っているので、これに『書き下ろし歌謡曲』の一〇〇曲が足されたのだ、本当にありがとう」云々。逆にぼくのほうがお礼を言われたのである。編集者冥利に尽きる場面であった。

だがすぐに、手放しで喜んでばかりはいられないことに気づかされる。売れ行きに伸びがないのだ。発売時の注文は予想どおり断然他を圧していたから、その意味では成功といっていい。しかし、書店店頭の動きがはかばかしくない。話題性は十分なのに、どうして動かないのか？　困惑の声をそこかしこから聞いた。このとき、本づくりに関する詰めが不十分であったと深く反省させられたのである。

つまり、歌詞をメインとするかぎり通読性に乏しい、という当初からの危惧が解決されていなかった。読者はまず、本を手にとって頁をパラパラめくり、読めそうかそうでないかを判断し、購入するかどうかを決める。このとき当然、歌詞集という特異さにとまどうだろう。一つひとつが作品なのだから、最初からすべてを読む必要はなく、折りにふれて楽しんでくれればいいわけだが、そういう姿勢で読んでほしいという指示はどこにもない。本としては硬派のつくりというべく、玄人こそがおもしろがれるという本質はやはりある。手にはとっても、「ちょっとおもしろそうだが、どう読んでいいかわからない」と棚に戻される、そんな事態が生まれたのではないか。

結果に違いが出たかどうかわからないが、この事態を防ぐための手立てはあったと思う。

少なくともトライしてみるべきことはあった。もっとも簡単で、おそらくもっとも有効だと思えるのは、ロング・インタビューを置く位置である。冒頭に置くべきだったのだ。読者はまず、冒頭から頁をめくってみるものであり、出だしがこのインタビューならば、おもしろがってもらえる可能性は高かったと思う。実際に出た本では、読める部分であるインタビューは本の途中に挟み込まれているから、気づかれないおそれがある。

じつはインタビューを最初に置くという手があるということを、ボンヤリではあれ、考えていなかったわけではない。だがここで遠慮も生じていた。阿久さんは実作で勝負したいと言ったのであり、その成果がこの本なのだから、それに敬意を表すべきだろうという気分がたしかにあった。インタビューそれじたいはとてもいい、どこにあっても大丈夫だという、根拠の無い納得が生まれてしまっていたことも関係しよう。

これはやはり編集者として怠慢である。阿久さんは本づくりのあり方について、ほぼすべて、ぼくにまかせてくれていた。「プロはそっちだ」、そう言われていたに等しい。そうであったのに、勝手に憶測し、妥協してしまったことを恥ずかしく思う。阿久さんの思いがそうだからというのは、まったくの言い訳である。企画段階で「勝負企画」だと位置づけたにもかかわらず、その緊張感が乏しくなり、本づくりの楽しさだけに集中していなかっただろうかと内心忸怩たるものがあった。

むろん、玄人というか、阿久さんの仕事をよく理解する人たちにとって、また音楽好きである人たちにとって評価は高かった。思いがけない人からも嬉しい評価を聞いたりもしている。届くべき人には届いたといっていいのだろう。だが、まだ知らない人にもっと読ませたかった。その可能性があっただけに悔しい。

「ぼくはもう作詞家とはいえない」

忘れがたい一言がある。これはメイン・インタビューではなく、その後の打ち合わせのときだが、阿久さんがこう言った、「ぼくはもう作詞家とはいえない」と。

びっくりして、思わず声がうわずった。「エッ、何ですって?」ぼくの驚いた顔を見て、阿久さんはその理由を諄々と説明してくれた。

彼は言う、プロの作詞者はただ「詞」ができたから「歌」にする、というものではない。そのときの気分で、できたりできなかったりではみんなが困る。一定期間に一定量の「詞」を提供しなければ、業界は立ち行かない。出来の良し悪しもさることながら、つくり続けることこそ求められる。でもいまぼくは作家兼業で、むしろそっちが大事になっているから、もうプロの作詞者とはいえない、云々。

これには考えさせられた。クリエイターがめざすべきは「質」であって、「量」ではないとよく言われる。たしかに、量産は質の低下につながりかねない危険を含む。しかし阿久さんは堂々と「量」を正面に据えたのである。そしてそのとき「業界」という言葉をプラス面で表現した。まず業界人として考え、そのなかでよりいいものを求める。彼はそう言っているとぼくは理解した。これはひたすら創作活動に専念してきたというよりも、ある意味厳しい。「いい作曲家がいなければ、作詞家がいかに偉そうなゴタクを並べてもヒットは生まれない。これが歌というものの宿命である。歌手もそうだ。いい歌を十分に歌いこなすタレントがいなかったら、せっかくの歌も世に出ないままで終わってしまう。その意味でぼくは恵まれていたと思っている」（前掲『作詞入門』）。阿久さんの考える業界とはつまりこれだろう。

そして阿久さんのすごさは、業界への貢献を旨としつつも、業界のあり方を変えていったことである。たとえば人気番組『スター誕生！』、彼が実質上のプロモーターであることはよく知られているけれど、「場」をつくっただけではない。デビューした少女たちの詞の多くを彼が書き、「実質」をつくった（山口百恵以外、ほぼ全員に詞を提供したと聞いた）。

あらためて阿久さんのすごさを認識する場面であった。もっとも、硬くなりがちな話をそのままで終わらせないところが、やはり阿久さんである。いたずらっぽい口調で、こう付け加えたものだ。「それなのに、たまに詞を書くと賞をもらったりしちゃう。本当はいけないと思うんだけど、でもくれるものはやはりもらう」と。笑いが生まれて、なごやかな場になったことを懐かしく思い出す。

「裏日本独立論はありえない」［古厩忠夫］

古厩忠夫（ふるまや　ただお）　歴史研究者（中国近現代史、日本近現代史）。一九四一年長野県生まれ。新潟大学教授。著書『新潟県の百年』（共著）『裏日本』、編著『東北アジア史の再発見』など。二〇〇三年逝去。没後、『Fゼミ通信　古厩忠夫の思索と行動の記録』が刊行された。

ヒト・モノ・カネの移転システム

一九九四年だったと思う。岩波新書編集部に移ってしばらくたったころだ。当時刊行中の「岩波講座／日本通史」を読んでいて、「〈裏日本〉の成立と展開」という論文が目にとまった。執筆者は新潟大学教授、古厩忠夫さん。ほとんど一気に読み終えたといっていい。まさに目から鱗が落ちる思いであった。

ぼくは生まれが福井県武生市（現、越前市）、小学校は新潟県北魚沼郡小出町（現、魚沼市）、中学校・高校は富山市である。つまり「裏日本」育ちだ。北陸の風土感覚はいまもぼくのなかにある。だが、大学時代から東京に移り住み、いつのまにか東京在住期間が北陸のそれを超えてしまい、遠いものになっていったことも事実だろう。

そのころはもう、「裏日本」ということばが一般に使われなくなっていた。久しぶりにこのことばに出会い、論文タイトルをむしろ新鮮に感じたものである。執筆者はなぜ、「裏日本」ということばをあえて使ったのか、そこではわが郷土をどう分析・論述しているのか。

「裏日本」とは近代の産物であり、近代日本成立の構造と密接不可分であるという。つまりヒト・モノ・カネの移転システムがその本質であって、「表」のヒンターラント（後背地）として「裏」ができる。したがって、「東北独立論」といった発想はありえても、「裏日本」独立論はありえない。なぜなら一体的な地域概念ではないからだ。あくまで「表」「裏」の関係性でできており、それを象徴的に示すのが近代日本の交通体系の要めである鉄道。すべて「表」と「裏」をつないでいて、「裏」どうしをつなぐ路線は切れ切れになっている。「表日本」を核とする日本の経済成長は「裏日本」の成立とパラレルなのだ。ぼくなりに読みとったことをつなげると、おおむねこんなことになろうか。

この論述に正直、興奮した。いままでボンヤリ感じていた問題（それはおおむね地域格差に関わっていた）の構造を明快に説き明かしてくれたのである。このテーマこそ、もっと展開して一般の人が読めるかたちに整えてほしい。いさんで新潟のお宅を訪ねたものだが、時期が悪かった。学部長の激務で時間がなく、すぐにとりかかることはできないとの返事。少しお待ちしても、と思った矢先、重大な事実が判明する。がんが発見され、それもかなり深刻だというのだ。

だがその後、ご本人から連絡をいただいた。病気と仲良くしつつ、ぜひこのテーマにとりくみたいと。それからの古厩さんの奮闘ぶりは特筆すべきものだった。新書だから分量はせいぜい三〇〇枚程度しかない。ところが準備された資料は膨大なもので、その一々の説明を聞くとどれも省きにくい。いったい何巻の本になるのか、と心配するほどのものであった。涙を飲んで割愛することのなんと多かったこと。

岩波新書『裏日本――近代日本を問い直す』として結実するのは一九九七年九月。好評をもって迎えられ、すぐに増刷になったのは嬉しいことであった。

「生きたものへの理解能力」

編集作業が一段落したある日、古厩さんに「なぜ、このテーマに取り組まれたのですか」と訊いたことがある。

というのは、彼はもともと中国近現代史が専門であり、日本近代史専攻ではない。いわば「畑違い」ともみえるからである。「あとがき」に説明はあるものの、それは直接的なきっかけについてであり、そもそもの動機は書かれていない。かねがね不思議に思っていたことなので、率直に訊いた。

まずおっしゃったのは、「新潟大学に勤めたからだろうね」。そのあとどんな会話になったか、さすがに記憶がはっきりしないけれど、この一言だけで腑に落ちるものがあった。それはおそらく、お付き合いのなかで彼のひととなりに感じ入り、その研究姿勢に共感していたからだろう。そうしたいっさいがっさいが一挙に焦点を結んだ思いだった。ぼくはこう理解したのである。「みずからが住み、学生を指導・教育している地域について無関心でいることはできない。長く新潟に暮らすうちに体感するなにものかがあり、同僚・学生との交流を続けていれば、必然的に彼らの意識のありようが見えてくる。この地域の個性・特性はすべてがいわゆる県民性に還元されるものでないとすれば、歴史研究者として考察すべきことは何か。それが「裏日本」の研究に向かわせた」と。

連想したのは、フランスの大歴史家マルク・ブロックの遺著『歴史のための弁明――歴史家の仕事』（岩波書店。旧版一九五六年、新版二〇〇四年）の一節である。彼がストックホルムに歴史家アンリ・ピレンヌを訪ねたときのエピソードで、ピレンヌはブロックに、まず新しい市庁舎を見ようと提案したという。いわく「もし私が好古家なら、古いものにしか目を向けないでしょう。しかし私は歴史家なのです。ですから生を好むのです」。ブロックはこれに同感し、「生きたものへの理解能力こそ、歴史家の主要な特質」と記していた。古厩さんは何より、自分が生活している地域を理解しようとされたのだと思う。これこそ歴史家としての資質なのだ。

古厩さんとこの話をしたことはない。もし話したとしても、謙虚なお人柄だったから、「そんなたいそうなことじゃないよ」と笑いながら否定されそうだ。でもぼくはひそかに、みずからをとりまく現実への関心、「生きたものへの理解能力」ということでは通底していると思っている。

古厩さんが中国人留学生受け入れに尽力されたことはよく知られている。それは、彼にとって「環日本海ネットワーク」は何より人の心をつなぐものでなければならない、ということのあらわれでもあったろう。かつて「裏日本」地域は、中国・半島に向かう前進基地となった。その不幸な歴史を断ち切るために相互理解を深めなければならない、という強い願いがこめられていたと思う。

「差別語ではないか」と問われて

さて「裏日本」という言葉。NHK放送用語委員会が使用中止を決めたのが一九六〇年、民放・地元紙など各メディアも使わなくなっていく。古厩さんは、高度成長期こそ格差実態が極限に達した時期であり、それだけに差別的表現として認識されるようになったからだろうという。そしてこう述べていた（序章）。

「裏日本」という言葉は、そこに住む人びとにとって、たしかにあまり愉快なものではない。だが、言い換えてすむという問題でもないことも事実だ。それだけの実態を持つ言葉だったからであり、しかも依然として解決されたわけではないのである。

ここにあきらかなように、本文のいたるところで、注意深く、ていねいに説明されているのだが、それでも刊行直後、読者から抗議の電話があった。「差別語ではないか」と。電話の声はかなり若い感じで、もしかしたら学生かもしれない。興奮気味で声が震えていた。

担当編集者として読者の問いに答える。「〈日本海側〉といったふうに言い換えることで、かえって問題の本質が曖昧にされてしまっているところがある。日本の近代が「表」と「裏」というかたちで成立したことを問題にしたいのであって、実態の究明がなされないまま、言葉だけを無くすのではかえってよくないと思ったから」云々。しかし納得しない。「そんなことは書名からはわからない。その出身者である人間として気持ちよくない」。それで「お読みになっていかがですか?」と訊くと、何と中身は全然読んでいないという。書名がおかしいという一点張りで、強硬姿勢を崩さない。ところが「ぼくも北陸出身なんですよ。自分自身の問題としても考えたつもりなんです」と言ったら、急にトーンが落ちた。結局、あいまいなままに電話は終わる。

それだけのことなのだが、ここには差別語にまつわる問題が少しありそうである。内容を問題にせず（読みもせず）、題名だけで抗議をしてきたこと、そしてぼくも同類とわかったら、一瞬困ったこと（無神経な「表日本」のやつがエラそうにつくった本とでも思ったか）。

もっともぼくが知るかぎり抗議はこの一件だけであり、古厩さんの真意はしっかり受けとめられたと思う。とくに地元のメディアが関心を示してくれたことは嬉しいことだった。新聞で紹介されただけでなく、古厩さんご自身がテレビやラジオのインタビュー番組に何度も登場することになる。ちなみにぼくもまた、長く音信が途絶えたままだった高校時代の友人から、「問題性がよくわかった。いい本をつくったね」という嬉しい電話をもらったりしたものであった。

刊行後しばらくして、ごく内輪で完成記念会をやったことも懐かしい。場所は東京・新宿。とても気持ちのいい会で、心ゆくまで語り合った楽しさは忘れがたい。食事のあと、都留文科大学教授（当時）の笠原十九司《とくし》さんを交えて、カラオケに興じたりした。あのときの晴れやかなお顔がいまも浮かぶ。またやろうという約束であったが、それは果たせなかった。訃報を聞いたのは二〇〇三年春である。痛惜の思いであった。

「〈越境〉する旅人の歌を追って」［姜信子］

姜 信子（きょう のぶこ） 作家。一九六一年神奈川県（横浜市）生まれ。在日韓国人三世。広告会社勤務をへて、『ごく普通の在日韓国人』で作家としてデビュー。以後、執筆活動のかたわら、日韓の語り芸をプロデュースするなど、多彩な活動を展開する。著書『日韓音楽ノート』『ナミイ！ 八重山のおばあの歌物語』『あんじゅ、あんじゅ、さまよい安寿』など。

「キョウノブコと呼んでください」

作家・姜信子さんのデビュー作『ごく普通の在日韓国人』（朝日文庫）を読んだときの感動は忘れられない。この本のもとは一九八六年、第2回ノンフィクション朝日ジャーナル賞受賞作品で、そのとき彼女は二五歳。みずみずしい感性に貫かれた文章がじつに新鮮で、大いに共感したものである。

「この人とは一度話してみたい」、そう思っているとき、チャンスがめぐってきた。一九九五年、新書編集部として戦後五〇年関連企画に取り組むにあたり、その一冊としてオムニバス企画『戦後を語る』が決まったからである。企画趣旨がさまざまな分野・世代・立場から多様な視点を出してもらおうというものだったから、ぼくは迷うことなく、執筆候補者のお一人として姜さんを推薦した。編集会議で了承され、ぼくは勇んで彼女に手紙を書く。ところが、いつまでたっても返事が来ない。これにはやきもきしたが。どうやら旅行で不在だったらしい。ぎりぎりで承諾の電話をもらったときは、心底ホッとしたものである。

その電話のとき、ぼくはこんな質問をした。「お名前の読みはどうしましょうか？　キョウノブコですか、カンシンジャですか？」返事はきっぱりしていた。「キョウノブコです」。読みを訊いたのは、このオムニバス企画では著者をアイウエオ順に並べる方式だったからである。ちなみに読み優先のために、出来上がった本では、同じ「姜」であるのに、姜尚中（カンサンジュン）さんと姜信子（キョウノブコ）さんは並んでいない。

読みの理由はあとになって聞いた。彼女はこう言う、「わたしは在日韓国人であることを隠すつもりはないから、本来の姓「姜」を使う。同時に、「日本人」ではないが「日本語人」だ。わたしは日本語の感覚で育っていて、韓国語読みでは自分でないような気がする」云々。

かつて植民地時代、国家権力によって押しつけられた「創氏改名」は、韓国・朝鮮の人びと、在日の人びとに屈辱的経験として深い傷となった。名前の問題はいまも、決して小さなことではない。しかし、それはまた、大きな民族課題として主張されるために、個々人の感性を規制してしまう要素を持つ。姜さんはむろん歴史を知っている。知ったうえで、自分の感性を大事にし、彼女なりのやり方で歴史の課題を引き受けようとしている、というべきなのだろう。

『戦後を語る』に掲載された彼女の文章のタイトルは「リズムを探して」。そこにはこんな叙述がある。

一九六一年に横浜で生まれた私には、戦争もなければ、戦後もない。あるのは、「居場所がない。行き場がない。さて、どうするか」という私の存在に根差した現在の悩みだ。戦後世界がどうなったとか、経済・政治・イデオロギーがどう動いたかとか、マクロなことを観念的、体系的に考えるのは苦手ということもある。マクロに理づめで語る時にこぼれおちる、生きているひとりひとりの人の物語のほうに、むしろ心ひかれもする。……歴史も、自分と接点があるからこそ自分の言葉で語れる。

率直な語りであり、言いにくいこともはっきり言っている。そしてもっとつっこんで訊きたいことがそこかしこにある。かくして新書執筆の相談がはじまることになった。

「記憶の器」としての大衆歌謡

テーマじたいはすぐに決まった。「記憶の器」としての音楽であり、なかんずく大衆歌謡。

彼女が「ひょんなことからアジアの音楽、特に韓国の大衆歌謡に数年前から関わり始めた」と記しているように（「リズムを探して」）、取り組みはすでにはじまっていた。そのひとつの成果が西日本新聞に連載したコラム「大衆歌謡と近代――日韓１９１０～１９４５」である（一九九四年）。準備すべきものが貯えられつつあった。では、一冊にまとめるにあたり、どういう叙述でどんな構成にするのか。

当初ぼくは、それまでの彼女の本とは違う性格になると感じていた。『ごく普通の在日韓国人』に続いて、『かたつむりの歩き方』（一九九一年）『私の越境レッスン 韓国編』（一九九三年）が上梓されていたが、いわばともに自分史である。今回初めて、テーマを立てて書くことになるので、色彩が変化すると思っていたのである。

こう理解したことは一面では正しい。新しい挑戦だからである。しかし、肝心なところで認識不足であった。テーマこそ変わったものの、彼女は思い悩みつつ格闘したみずからの軌跡を重ね合わせつつ、すべてを自分の責任において受けとめるかたちで課題に向かい合うのであり、その姿勢はそれまでと通底していた。別の展開ではなく、これまでの発展形態と捉えるべきなのである。したがって、調べてわかったことを書く「解説」などになるはずもなかった。

まだ原稿準備段階というとき、彼女は執筆意図について、ぼくにこう語っている。

国民とか民族といった枠で語られる記憶の器としての大衆歌謡の歴史を横目で見つつ、その枠からはみ出てしまった記憶が納められているもうひとつの〈歌〉の物語を伝えること。さらには私たちが共有していると信じている大衆歌謡に盛られた記憶そのものを問い直すこと。

そういう作業を通して、不協和音を送り出す〈開かれた混血の場としての音楽〉〈新しい言葉の場としての音楽〉というもののせめて輪郭でも差し出せたらと思います。

このときぼくは、自分よりはるかに若い著者ということもあって、その感性とどう向かい合うのか、必死だった。そしてそのおかげで、いままで気づかなかったことに気づき、考えるべき課題を意識していくことになる。ぼくにとって、本そのものもさることながら、語り合った日々こそが貴重なのである。

彼女はみずからの位置を「境界線上」にたとえた。「境界」にいるからこそ見えてくるものがある、この位置にいることはむしろ、わたしのアドバンテージなのだと。そしてつねに「越境」を試み、「混血」の文化を求める。対馬しかり、沖縄しかり、そして中央アジアしかり。いったい、どれくらい旅をし、どれだけの人と会ったのか。その行動力、バイタリティにはまったく脱帽である。

そして、この人のすごさは明るさである。深刻な話、つらい話はそれとしてちゃんと語りつつも、人間に対する信頼が根底にあるからだろう、ただ暗いままでは終わらない。たとえかすかでも、希望がかならずある。

「単純なほうが広く届き、長持ちする」

内容的にほぼ完成というとき、問題になったのが書名＝タイトルである。企画成立時にはタイトル未定で、中身が確定したところで決定するのはそうめずらしくない。だが、これはぎりぎりだった。ぼくが提案したのは「越境のための音楽ノート」。だが、それでは一般性に乏しいという声があって、議論になったからである。

ここには普及性が課題になる新書という器の性格が関係していた。単行本ならまだしも、新書ではもっとわかりやすくすべきだと。ある人いわく「単純なほうが広く届き、長持ちする」。これにはたしかに一理がある。その結果、「日韓音楽ノート」に決まった。

これでよかった、これがよかった、と思う。ぼくの当初案では、彼女の仕事を知る人にはすぐピンとくるだろうが、さらに読者を広げたいというときには必ずしも有効といえない。それどころか、はっきり角度がついているために、「何のことかわからない」と入口で敬遠されるおそれさえある。ともかく手にとってもらうことが第一であり、読みすすむなかで「なるほど、そういうことか」とわかってもらえればいいのだ。だからこの本の場合、大部数を予定する新書であればいよいよ、あえて単純なほうがいいとはそのとおりなのである。かくしてメインタイトルを決めたうえで、シャープなアプローチであることを示す副題を添える。彼女のキーワードを盛り込み、「〈越境〉する旅人の歌を追って」とした。このタイトル論議、自分自身の編集ノウハウを鍛えるうえであらためていい教訓になった。

さて、姜さんとは当初から、「著者」というだけでなく、「友」という要素があった。そしていまや、刺激し鼓舞してくれる「友人」であることにくわえて、ときに楽しく遊んでくれる「友だち」である。ありがたいかぎりと深く感謝している。

そういえば彼女の言葉にこれがあった。「楽しみつつ、時には真面目に考える」(『私の越境レッスン 韓国編』)。この構えない感じがとてもいい。彼女のひそみにならいたいと思うこと、しきりである。

「どの人の声もその人にしかない響きがある」［関屋晋］

関屋　晋（せきや　しん）合唱指揮者。一九二八年東京都生まれ。一九八〇年、小澤征爾指揮、新日本フィル演奏のマーラー『千人の交響曲』を機に結成した「晋友会」合唱団を率いて、内外のオーケストラと共演した。二〇〇五年、リハーサル中に急逝。

「現場の知恵」を「現役の立場」で語る

年末の恒例でもあるベートーヴェン『交響曲第九番』。ひさしぶりに聴いていると、合唱指揮者・関屋晋さんの笑顔が懐かしく浮かんできた。そうか、亡くなられてもう久しいのか、ある感慨が胸をよぎる。

新書『コーラスは楽しい』（一九九八年）をつくるきっかけになったCDがある。オルフ『カルミナ・ブラーナ』（指揮＝小澤征爾、演奏＝ベルリン・フィル）である。このCDで、合唱を担ったのが関屋さんの主宰する合唱団＝晋友会であった。ベルリンで録音したもので、あとで名盤の誉れ高いことを知る。じつはこのとき歌ったメンバーのなかにわが友人がいて、彼女からこのＣＤの存在を教えられたのだが、聴いて文字どおり驚倒した。これほど練度の高い合唱をアマチュアでやれるのか！　関屋晋というお名前を意識したのはそのときである。

　それから晋友会が出演するコンサートに通うことになったのはいうまでもない。音楽的感動に酔いつつも、だんだん編集者としての欲が出てくる。友人から聞く彼のエピソードも興味深い。この人は間違いなく、なにかを持っている、それを活字で表現できないか？『カルミナ・ブラーナ』を聴いてから三年後だったと思う。企画の可能性を探るべく、お話を聞きたいとお願いした。当初関屋さんは戸惑いがちで、「わたしの話など本になりますか？」と半信半疑であり、ぼくも確たる方針を持っていたわけではない。だが、インタビューがはじまると、思い切ってお願いしたことが正解だったと確信する。

　インタビューは数回、のべ一〇時間くらいにわたったろうか。彼は決して能弁ではない。訥々と語り、ときに言いよどむのだが、しばしば光る言葉があり、ハッとさせられた。そしてそれは、アマチュア・コーラスの世界にとどまらない普遍性を持っていたのである。

　編集途中でぼくは、これは「現場の知恵」を「現役の立場」で語ってもらう性格の本なのだと了解する。そして、芸術活動はデモーニッシュなものであって、言葉で説明しきることができないからこそ、編み出された言葉の力が強いものになると実感した。

「コーラスは大阪城の石垣」

好きな言葉がある。

「それぞれの人の声にはその人にしかない響きがある」

「コーラスは大阪城の石垣だ。大きい石だけでは石垣にならない」

さすが関屋さんというべく、わかりやすくて説得力がある。じつはこれ、わが身に沁みる言葉でもあった。というのは、ぼくは中学・高校のときにコーラス部の一員であり、自分の声にコンプレックスがあったからである。光る声の持ち主はいるもので（つまり「大きい石」）、くすむ声しか持ち合わせない自分としては（つまり「小さい石」）、いてもいなくても同じだなとしばしば僻んだ。「その人にしかない響きがある」「大きい石だけでは石垣にならない」と断言してくれたことがいかに嬉しかったか、おわかりいただけると思う。ちなみにぼくは、退職後に地域の合唱団に入り、数十年ぶりに合唱活動を再開することになるが、このとき関屋さんの言葉に背中を押されたことはいうまでもない。

紡ぎ出される知恵の言葉はさらに続く。

「レベルが違う人たちが集まってこそ上達する。教えることで自分も育つ」

「楽しく挑戦するという姿勢こそが大切」

こうした言葉に添えられた実例がまた興味深く、アマチュア・コーラスの現場にいる、現役の人だからこその言葉だと納得する。関屋さんはみずからが率いる合唱団がベルリン・フィルやウィーン・フィルなど、世界の超一流オーケストラと共演する存在となりながらも、これをつねに基本におき続けた。

そしていま挙げた言葉の数々、ことコーラスの世界だけでなく、生き方全般に応用が可能であることに気づかれるだろう。現場の知恵だからこそ、普遍性があるというべきか。

「怖くて愛される指導者」

この本の序文は小澤征爾さんにお願いした。晋友会結成のきっかけは小澤さん指揮のマーラー『千人の交響曲』であり、小澤さんとのお付き合いは関屋さんにとって特別の意味を持つ。だが小澤さんはあまりに多忙、原稿執筆の余裕などまったくない。いったん断念したが、事情を知った小澤さん、サイトウ・キネン・フェスティバルの本番前の短い時間ならインタビューに応じられるという。大変なご好意というべく、関屋さん、そしてインタビューすべてに付き合ってくれた合唱団マネージャーの横山誠一郎さんとともに、小澤さんを松本に訪ねた。そしてそれは忘れがたい晩となる。

会うやいなや、ニコニコして第一声、「関屋さん、本を出すんだって?」そしてすぐにぼくに向かって「で、ぼくは何をしゃべればいいの?」評判どおりフランクで闊達な人であった。率直な問いに一瞬うろたえ、口ごもっていると、小澤さんはすぐ助け舟を出してくれた。まさに序文にふさわしい内容を一気に語ってくれたのである。「高校野球ってさ、選手はもちろん重要なんだけど、監督がどうまとめていくかが大事でしょ。チームの良し悪しは指導者しだいなんだな。コーラスもこれと同じ。関屋さん、本当にいい監督だったよね。これほど厳しい指導をしながら、みんながそれを喜び、ついていく。そこがすごい。怖くて愛される、そういう指導者がいないと質は上がらない。関屋さんがやってきたのはそれなんだ」。

一問一答のインタビューを予想して準備はしてあったけれども、そんなものはまったく不要。この人の勘のよさには舌を巻いたものである。しかも視線がとても温かい。関屋さんは恐縮しながらも嬉しそうで、ああ、いい関係だなと感じ入った。

音楽創造の場で逝く

関屋さんは専門的音楽教育を受けていない。しかも、いったんは会社に就職しながらも、心やみがたく、コーラスの世界に飛び込んだという経歴を持つ。何より好きな道だったのだ。だからこそ「いつも楽しく挑戦」という姿勢であり続けたのだろう。

亡くなられたのは二〇〇五年四月。コンサートに備えてのリハーサル中に突然気分が悪くなられ、救急車で運ばれたがすでに手遅れだったという。享年七六歳。それにしても、音楽創造の現場で逝かれたとは、いかにも関屋さんらしい生の終え方であった。

「写楽が大先輩」［山藤章二］

山藤章二（やまふじ　しょうじ）　イラストレーター、風刺漫画家、似顔絵作家、エッセイスト。一九三七年東京都生まれ。広告会社をへてフリー。〈戯れ絵師〉と称した。著書『アタクシ絵日記・忘月忘日』『人間ころがし』『似顔絵』『山藤章二のブラック・アングル25年　全体重』『ヘタウマ文化論』『自分史ときどき昭和史』など。

まさに快著！『似顔絵』

山藤章二『似顔絵』（二〇〇〇年）は力作であり、快著である。絵を楽しませ、文章で読ませるという本は世の中にけっこうあって、そうめずらしいことではない。しかし、絵・文ともとてつもない高いレベルであり、しかも緊密に結びついているとなると、めったにお目にかかれない。その稀有な達成を遂げた本であった。「引き込まれて一気に読んだ」「絵のすごさと語り口のうまさに唸った」といった声がぼくにも届き、単なる担当者であるにもかかわらず、「そうだろ、そうだろ」と、わがことのように鼻をうごめかせたものである。

じつはこの本、企画したのはぼくではない。ぼくが新書編集部に異動したときに（一九九一年）、すでに決まっていた。発案は畏友S君である（永六輔『大往生』の発案も彼）。だが、なかなか方向性が定まらず、具体化しないままに推移していた。そのときS君から声がかかり、いっしょにインタビューして、原案をつくろうという話になる。ぼくは「ブラック・アングル」の愛読者の一人として、絵の見事さとピリッとした辛口の批評に惚れ込んでいたから、この提案は渡りに船というべく、喜んで承知。かくして、のべ三回、計一〇時間にわたるインタビューが実現することになった。

そのインタビューのとき、とても印象深かった話をひとつ。山藤さんの持論は「似顔絵は批評」。肖像画がモデルを讃えるタテマエの世界であるのに対して、似顔絵は庶民の感覚に即した風刺表現なのだという。わかりやすい喩えであり、納得しつつ聞いていると、思わぬ話が飛び出した。じつはすでに江戸時代、大先達がいたという。エッ、誰だろう？　なんと浮世絵師・東洲斎写楽《しゃらく》。これにはさすがにびっくり。その理由を聞いて腑に落ちた。同時代の戯作者、大田南畝《なんぽ》（蜀山人）が写楽をこう評したのだそうな。「あまりに真を描かんとして、あらぬ様にかきなせしかば、長く世に行なわれず、一両年にして止む」。つまり、真実に迫ろうとするあまり、「あらぬ様」に描いたから世に受け入れられず、一～二年で終わってしまったと。山藤さんは南畝のいう「あらぬ様」こそ、現代の似顔絵の精神に通じると深く共感するのである。

写楽がなぜ短期間で消えてしまったかはいまも謎であり、その説明としてとても刺激的で興味深い。ぼくは構成案づくりをまかされていたから、この話を序章にしましょうと勇み立つのが当然というものだった。

彼の語りは縦横に展開し、その才人ぶりに何度も目を見張ったものである。この魅力をどうしたら伝えられるか、テープ起こしと預けられた資料を見つめつつ、構成案を何度もつくり直したが、その作業じたいが興奮する時間だった。つまりは楽しかったのである。そして山藤さんの点検をへて、本のかたちが整っていく。

江戸人の伝統を継いで

このとき思ったことがある。山藤さんのシャープな現代感覚は江戸時代の文化に裏付けられていると。彼は落語を愛し、川柳をおもしろがり、俳句もたしなむ。これだけなら趣味の世界だが、彼はその精神をしっかりつかみ、みずからの仕事に生かしている。それが彼の仕事に厚みをもたらしていると思えた。

たとえば「ブラック・アングル」の魅力には、絵のうまさやコメントのおもしろさに加えて、「見立て」の秀逸さがあった。「見立て」はむろん江戸時代に華ひらいた文化である。山藤さんが「似顔絵は批評」というとき、そのもっとも大きな表現手段が「見立て」であったことを彼自身が語っている（『似顔絵』）。

たとえば、政治家を長屋に連れてきたりする。そうすると、その人間を取り巻いている権威とか役職とか立場とか、そういうのが全部はぎとられてしまいますから、「裸の王様」になっちゃう。ある世界で通用していた権威がなんともばかばかしく見えてくる。これはほとんど、江戸時代以来の古典的方法ですけどね、その手法はよく使う。

こうした手法をさりげなく用いるのが憎い。田舎出身のぼくにはよくわからないが、厚い文化伝統がありながらそれを誇示せず、ときには「わかる人にはわかる」といった遊び方をするのが、どうやら「江戸っ子」らしい（ぼくが「これは何の見立てですか？」とヤボな質問をして、彼が苦笑した場面もあった）。その意味で、彼は「東京人」というより、「江戸っ子」というほうが似つかわしい。

そして「江戸っ子」といえば、お上に対する反骨精神。その矜持は、みずからを「戯れ絵師」と称したことからもうかがわれる。『似顔絵』の末尾で彼は、権威を引き下ろし、徹底して滑稽化し、笑いのめしてこそ「世の中の風通しがよくなる」と言い、「表現としての笑い、手段としての言葉を大事にしていきたい」と結ぶのである。

「吾輩は似顔絵である」

山藤さんの点検と補訂の作業が終わり、本文が確定したところで話題になったのがカバー表紙である。ここでも山藤さんは才人ぶりを発揮した。そのあたりは彼が「著者からのメッセージ」（雑誌『図書』掲載）に記しているので、引用しよう。ここでは触れていないけれども、夏目漱石『こゝろ』を処女出版とする岩波書店を象徴してもいて、二重三重に見事なのだ。このカバー、おそらく山藤さんにとっても会心作だったに違いない（本章扉参照）。

この本のカバーの絵を誰にするかで、編集スタッフと話し合っていた。ピカソ、たけし、角栄などの名が挙がり、やがて夏目漱石で決まった。その瞬間、私の口から声が出た。「吾輩は似顔絵である」——。

オビにでも使うつもりの軽口だったが、実はこの書のスタンスを言い現わした、ズシリとした言葉であることに後で気がついた。

漱石は〝吾輩〟という立派な一人称を用いて猫に人格を与えた。私はかねてより似顔絵に文化的人格を与えたいと思っていたので、吾輩はまさにぴったりだったのだ。

ブレインストーミングという愉しき場に感謝

さて、『似顔絵』の編集が終盤というとき、ぼくは営業部に異動する。後任担当者と協力しつつ、仕上げまで担当し、刊行したのは異動して一年後であった。

部署が変わった以上、仕掛り品はともかく、新たな編集上のお付き合いは生じないのがふつうである（永六輔さん企画が別扱いだったことはすでに述べたとおり）。だが、山藤さんとの関係はいささか様相を異にした。こんな企画はどうだろうという話がしばしば持ち込まれ、編集を担当することはできないとはいえ、ちょっとしたブレインストーミングの場に同席させていただくことになる。それだけなら他にも例が無いわけではないけれど、山藤さん自身はこうした意見交換の場をとりわけ重視していたから、密度が濃かった。そしてありがたいことにこの関係は退職後も続く。これは山藤さんだけである。

在職中に関わったのは三冊。『まあ、そこへお坐り』（二〇〇三年）『論よりダンゴ』（二〇〇六年）『ヘタウマ文化論』（二〇一三年）。ここで山藤さんは絵を封印し、文章で勝負する。飄々として小ざっぱり、いかにも山藤さんという魅力に溢れていた。そして退職後に関わった四冊で、さらに驚かされることになった。『自分史ときどき昭和史』（二〇一四年）『老いては自分に従え』（二〇一五年）『はじめての八十歳』（二〇一七年）『昭和よ！』（二〇一九年）。短期間に書き下ろす馬力にくわえて、筆力がただならない。

とくに『自分史ときどき昭和史』には瞠目した。短編エッセイの切れ味は承知していたけれど、これは一冊全体がひとつのストーリーをつくっている長編である。それなのに、小太刀の冴えはそのままに、ごく自然に流れ、何ら破綻がない。しかも原稿コピーをみると、ほとんど書き直しの形跡がなかった（彼はすべて手書きである）。おそるべき才能と、またまた唸った。

ともあれ、どの本であれ、彼とは数回にわたってブレインストーミングするのが通例だった。出席者はぼくとS君、そして担当編集者であるNさん。タイトル論議など、大いに楽しんだものである。それにしても、すでに退職していたにもかかわらず、そんな場に呼んでくださり、変わらぬ姿勢で接してくれる山藤さんには感謝あるのみ。

最後に彼の俳句を掲げておこう。

いかにも山藤さんらしい一句であり、ご本人も愛着があると聞いていた。

世の中を少しづつずれ葱を噛む

「打ち合わせと称する酒席を重ねて」［矢野誠一］

矢野誠一（やの せいいち） 藝能・演劇評論家、エッセイスト。一九三五年東京都生まれ。著書『志ん生のいる風景』『さらば愛しき藝人たち』『酒と博奕と喝采の日々』『女興行師 吉本せい』『戸板康二の歳月』『三遊亭圓朝の明治』『エノケン・ロッパの時代』『荷風の誤植』『二枚目の疵』『人生読本 落語版』『にっぽん藝人伝』『昭和も遠くなりにけり』など。

「まあ、どうでもいいことだけど」

本の「あとがき」ではよく、企画決定の経緯にふれられる。企画が成り立つまでに何が話題になったか、どんな議論がなされたか、等々。それにしても、話の内容はともあれ、「打ちあわせと称する何回かの酒席を重ねて」と書かれたには笑ってしまった。矢野誠一さん『エノケン・ロッパの時代』（二〇〇一年）である。どんな文脈で登場したかというと……

［初めて会ったとき］どんなはなしをしたものかあまりはっきりしないのだが、エノケ

ン・ロッパのことは話題にものぼらなかったのだけは、よく覚えている。それから打ちあわせと称する何回かの酒席を重ねて、とにかく六月十日付で「エノケン・ロッパにしぼって書きたい」旨の手紙を井上さんに出している。そのちょっと前に、「矢野さんにはやはり東京喜劇のことを書いて頂きたい」と言われて、東京喜劇ならエノケン・ロッパを書く以外にないと、そう思ったからである。

たしかによく飲んだとぼくも思う。雑談に酒が入るのはそうめずらしいことではないけれど、矢野さんの場合は特別の意味を持っていた。この人の酒席の座談は奔放軽妙、絶品なのである。笑いを交えながら、「こんなことがあった」と言いつつ、語り出すエピソードにいつも引き込まれた。ついつい水割りもいいペースで胃におさまっていくが、気持ちよく酔えたのはウィスキーのせいだけではない。

だいぶ親しくなってから聞かされた笑い話をひとつ。かつて新聞社の芸能担当記者といえば、仕事をしているんだかしていないんだか、よくわからないサムライがいたものだという。某大新聞社では（社名まで聞いたけれどもここでは秘す）、トキとツチノコという称があったそうな。トキはいることがわかっているが、遭遇するのはむずかしい、ツチノコは本当にいるのかどうか、疑わしい。つまりそれほど出社しない（したがってめったに会えない）記者がいたのだとか。こんな話、矢野さんがよく使うフレーズを借用すれば、「まあ、どうでもいいことだけど」。

閑話休題。むろん主眼は企画の「打ち合わせ」であり、それを怠っていたわけではない。しかし、話が自由に飛んでこそ酒席というものであり、矢野さんの引き出しの多さゆえに、じつに愉しい時間だったのである。また、だからこそ「こんな話があるよ」と思いがけないヒントをもらったりしたものであった。

実際、岩波新書の次作『人生読本 落語版』（二〇〇八年）も酒席の会話からはじまったし、また、小幡欣治『評伝 菊田一夫』（二〇〇八年）も、矢野さんの示唆がなければ実現しなかった企画である。

すべてに「熱」と「情」がある

矢野さんはふつう「演劇評論家」「落語評論家」と紹介されるが、彼が書く芝居と演藝（彼はかならず「藝」と書く）についての文章は、いささか乾いた響きをもつ「評論」ということばにそぐわないものがあるように思う。褒めるにせよ、違和感を言うにせよ、慨嘆するにせよ、そのすべてに「熱」と「情」があるのだ。

最初に出会った『さらば、愛しき藝人たち』『酒と博奕と喝采の日々』（ともに文春文庫）に驚嘆したことは忘れがたい。なにしろ、ここにとりあげられている藝人の多数をぼくは知らないのである。見たことも聞いたこともないのに、その愉しさおもしろさ、哀しくもおかしい人間像がくっきり浮かんでくるのだ。知りもしない人たちを懐かしくさえ感じることがあるとは！　ちなみにいま、「熱」と「情」と表現したけれど、これは無批判に没入しているという意味ではない。ときには突き放し、冷静に眺めて、「困ったヤツだな」とつぶやく。しかし、そこには深いところで共感があり、愛情がある。そういう意味での「熱」と「情」である。これを文章で表現するのは至難の業だ。矢野さんはこれをごく自然に、あえていえば軽々とこなすのである。なんという手練れだろうと感嘆した。

その後、矢野さんの著作に接する機会が多いが、そのたびに文章の切れ味に酔ったものである。独特のテンポがまことに心地よい。まさに名文というべく、いちいち例示したくなるが、それは控えよう。ここでは『酒と博奕と喝采の日々』から、ちょっとだけ引用する（「電話番号を明かさなかったトニー谷」）。トニー谷を知ってはいたけれど、まるで違う人間像が浮かんだことを思い出す。

［トニー谷は］たまたま居合わせた酒場で、千田是也と議論になった。さすがのトニーも、相手が悪かった。単純な口喧嘩ならともかく、議論とあっては新劇の理論的指導者に対して、歯の立つわけがない。形勢に利あらずと見たトニーは、最後っ屁よろしきひと言残して憤然と席を立つ以外に手がなかった。で、それをやったのである。

「アカッ」

ともに旅したぜいたくな時間

矢野さんにとってぼくの唯一の功績は、フォーク歌手・小室等さんをお引き合わせしたことだろう。お二人は永六輔さんの友人という共通点があるが、なぜか、それまで接触したことがなかった。当然、話は盛り上がる。そしてそれは、三人で旅をしようということにつながった。富山県八尾町、長崎県対馬と二回にわたり、それぞれ二泊三日。旅の空だからこそ、気持ちはいよいよ伸びやかに、酒席の談論は快く弾む。なんともぜいたくな時間であった。お忙しいお二人であるから、中断はやむをえないとはいえ、またいっしょに旅をしたいという望みは捨てていない。

あらためて思う。出版という仕事に携わっていると、仕事柄、せっかくお会いしているのだからとつい性急になる。刈り取りばかり急いでいると、根が細くなり、さもしくさえなりかねない。矢野さんからはそれこそヤマほど企画のヒントをもらったけれど、それは結果であり、最初からそう思ったわけではなかった。ともかく飲もう、雑談を楽しもう、という矢野さんとの時間はその意味でも貴重だった。

III

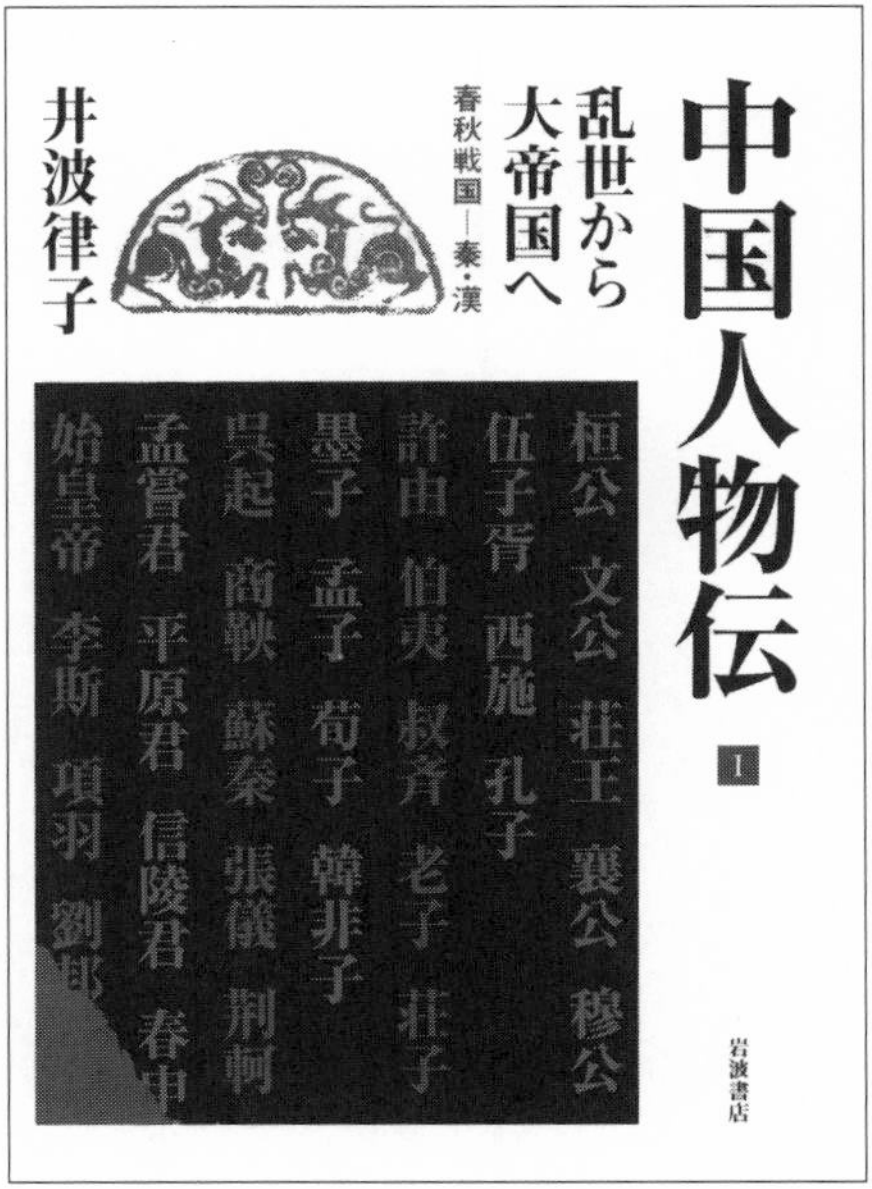

井波律子『中国人物伝 I』(2014 年)

わたしは一九九九年、編集部を離れて営業部に異動しました。しかし営業部に異動後も、しばしば編集企画に関わることになりました。永六輔さんの新書シリーズを継続して担当したことはすでにふれましたが（六〇頁）、それとは別に、営業活動ゆえの出会いが企画につながるという新たなチャンネルが生まれたからです。

結果として、営業部時代の一四年間、企画窓口という役割を含めて、関わった編集企画はおよそ四〇点。関わり方に厚薄があり、永さん企画以外はすべて担当編集者と二人三脚というかたちになります。本章ではそのなかから象徴的位置を占める方々の話を。

「雑談のなかから作品は生まれる」［鈴木敏夫］

鈴木敏夫（すずき としお） スタジオジブリ代表取締役プロデューサー。一九四八年愛知県（名古屋市）生まれ。徳間書店入社後、『アニメージュ』編集部をへて、『風の谷のナウシカ』を機に映画制作に関わり、スタジオジブリ創立に参画する。著書『映画道楽』『仕事道楽』『風に吹かれて』『ジブリの哲学』『ジブリの文学』『天才の思考 高畑勲と宮崎駿』など。

出会いの風景

スタジオジブリ・プロデューサー、鈴木敏夫さんとの出会いは二〇〇五年、ル＝グウィン原作のファンタジー『ゲド戦記』映画化がきっかけとなった（映画公開は二〇〇六年夏）。製作するにあたって原作を翻訳出版している岩波書店に挨拶があり、営業責任者として対応したぼくはその数日後、返礼としてスタジオジブリ（東京・東小金井にある）に鈴木さんを訪ねる。この初対面の風景を鈴木さんはこう書いている（岩波新書『仕事道楽』「あとがき」、二〇〇八年）。

岩波書店の販売の責任者、井上一夫さんと初めて会ったのは、記録を調べると二〇〇五年一二月一六日。いまからおよそ二年半前になる。

映画『ゲド戦記』タイアップの話のついでに、井上さんがいきなり切り出してきた。

「岩波で本を出しませんか?」

ありえないと即座に断ったと記憶しているが、井上さんという人物が妙に気になった。ひとつは、井上さんがかつては編集部にいて、あのベストセラー『大往生』(永六輔、一九九四年)を担当していたこと。それは、同じ業界にいた者として、聞き捨てならなかった。元編集者だったぼくは、いまだにベストセラーが気になる。……

ぼくの本を作りたいという動機についても、言いにくいことをはっきりと、にっこり笑いながら言ってきた。

「ぼくは、高畑さんや宮崎さんには関心が無い。しかし、鈴木さんには興味がある。普通の人は、高畑さんや宮崎さんのような天才にはなることが出来ないけど、鈴木さんの真似なら出来る」

失礼千万、よくもまあ、いけしゃあしゃあとこんなことを言えるものだと感心したが、よく考えれば、いつも、ぼくが初対面の人に対してやってきたことだった。

こうして、井上さんが、ぼくの記憶に深く刻まれた。

これを読んだときはさすがにギョッとし、うろたえた。ぼく、ホントにこんなことを言いました？　話をおもしろくしすぎていませんか？　と。しかし、思い返してみると、たしかに似たようなことは言ったのである。シチュエイションの微妙な違いはともあれ、本質的にはそのとおりかもしれない。そしてこの「あとがき」はそのまま、鈴木さんの日ごろの主張につながっていた。おもしろく読ませながら、肝心なことはしっかり記されている。やはりこの人、おそるべき手練れなのだ。

さて、同じ場面をぼくの立場から記せばこうなる。ぼくは彼の新著『映画道楽』（ぴあ、二〇〇五年。のち角川文庫）に惚れていた。メディアの仕事に関わるヒントが満載で、何より語り口が魅力的である。この人にはぜひ書いてもらいたい、執筆の可能性を追求したい。そんな思いを抱きつつ、ご挨拶の場に臨んだ。もっともふつうは、のっけから言い出したりはしない。しかし、鈴木さんのフレンドリーな対応に心がほどけたのだろう、ぼくはその場ですぐ、企画を持ちかけることになった。鈴木さんからすれば「いきなり」だったらしい。

問題は「高畑さんや宮崎さんには関心が無い」「鈴木さんの真似ならできる」の一句である。ぼくの思いは、鈴木さんが人を動かし、人の力を組織する立場にあって、これだけの作品群をプロデュースしてきた人なのだから、その仕事術・仕事作法を語ってもらいたいというものであった。「真似ならできる」ではなく、「真似したい＝自分の仕事につながるヒントにしたい」のである。創作者である高畑勲さん宮崎駿さんとはまったく違う意味合いで、ぼくは鈴木さんの話を聞きたかった。そんな趣旨で話したはずだが、話の勢いというものがある。また、裃を脱いだ会話なので、つい「真似ならできる」などという不謹慎な軽口をたたいたかもしれない。文字にするとすごいことになるなあと苦笑したものである。

「忘れようと努力する」

さて『仕事道楽』。鈴木さんに語ってもらうかたちで進行した。テープ起こしをもとに構成案を考えて、叩き台をつくる。ここまではぼくの作業。これに鈴木さんが全面的に手を入れ、追加インタビューを加えて仕上げていく。編集という仕事は雑務が多く、さまざまな行程があるけれども、それはいっしょにインタビューした同僚編集者Fさんがこなしてくれた。

このインタビューがなんとスリリングで刺激的だったことか、いまでもその場面をまざまざと思い出す。むろん質問は用意する。ただ話がどんどん脇道に逸れ、思わぬ展開をしていくことこそが重要なのである。「忘れようと努力する」という言葉もこの中で飛び出した。

インタビューがはじまって早いうちのはずである。資料のなかに、鈴木さんが書いた社内文書（ワープロ）があった。『平成狸合戦ぽんぽこ』（一九九四年公開）制作当時、スタッフに対する現場メモである。成功体験に安住していないかと警鐘を鳴らし、具体例を挙げつつ、詰めの甘さを指摘していた。まさに歯に衣着せぬ論調で、そうか、ジブリ映画の魅力はこうした厳しさに支えられているのかと興奮した。臨場感あふれる筆致だけにもっと知りたいと思うのは人情、さらにつっこんで訊くと、彼はこう言ったのである。「よく覚えてないなあ。ぼくは忘れようと努力しているんで」。

これには驚いた。「どうしてですか?」「仕事はまっさらでいたほうがいいから」。そしてこの話、すぐに宮崎さんの創作のありようにまで広がっていった。こうなると最初の質問はどうでもよくなる。これこそインタビューの醍醐味と実感した場面である(『仕事道楽』。以下、引用は同書による)。

宮さん〔宮崎駿さん〕は忘れることの名人です。それがまた、彼の映画づくりの秘密につながっていると思う。これだけの実績があるわけですから、ふつうならそれを受けて次にいきますよね。自分の手法や技法とか、その深度をより深めるかたちで勝負、という方向で、まず考えるものです。ところが宮さんはそうじゃない。新人監督のような挑戦の仕方をしています。これは宮さんの作家としての個性だけど、もしかしたら、自分のやってきたことを覚えていないからではないか。

「教養を共有したい」

ぼくが深くうなずかされた言葉があった。「教養を共有したい」である。

彼は当初、高畑・宮崎両氏からけんもほろろに扱われる。ファイトを燃やした彼は、粘りに粘って彼らの信頼をかちえるのだが、そのとき、彼はこう考えた。

高畑・宮崎の二人との出会いは強烈でした。当然ながら、もっとつきあいたいと思う。そのためには、なんとしても彼らと教養を共有したいと思ったのです。話ができないのでは悔しいですから。

彼は当時、高畑さん宮崎さんと会うと、二人がしゃべったことをメモしまくったという。いわく「けっこう大変でしたよ。宮さんの場合はしゃべるのが速いし、高畑さんでしゃべる時間が長い」。そして、別れたその足で喫茶店に駆け込み、書きとめたメモをまとめ直したとか。さらに家に帰って、もう一度、大学ノートに書き写す。あわせて二人が何を読み、何を観ていたかを聞きとって、それを追体験しようとした。本も映画もテレビ番組もとなると、大変な時間がかかる。つい訊きたくなった、「どのくらい寝ていたんですか」。鈴木さん「三時間くらいかなあ。あのころは若かったし」。これはとても真似ができない。

鈴木さんが信条とするのは「雑談のなかから作品は生まれる」である。彼はいつも宮崎さんと雑談しては、何をつくりたいのか、どうしたら実現できるかを考えてきた。プロデューサー主導で企画を押しつけるのではなく、創作者＝監督に寄り添う。寄り添うとは唯々諾々と従うことではない。彼が表現したいものをいっしょに考えることだ。それは、彼の発想のもとである「教養」を共有すべく努力していたからこそ、初めて可能なことである。

これは言うに易く、行なうに難い。鈴木さんはまさにそれを実行してきた。

「相槌をちゃんと打てるように」

雑談というキーワードについて、もう少し敷衍しよう。雑談とはとりとめのないものだ。しかし、だからこそ心が自由であり、思わぬヒントが隠されていたりする。それを感じとるアンテナの感度を高めるためにいかに準備し、どうフォローするかが大事なのである。

そのあらわれが相槌だと、鈴木さんは言う。彼は「へえ、なるほど」をくり返す人に対して厳しい。わかったような顔をしていいかげんな相槌を打つな、ごまかしてはいけない、知らなければ率直に訊けと。「相槌をちゃんと打てるように」――そのとおりと思う。

そして、これはそのまま編集者の心得であった。人間関係をつくり出すためには、必ず雑談という要素が入るからである。ぼくはかつて、後輩たちにこう言ったことがある。「初めて会う著者には、その人の著作なり発言なりをふまえたうえで、二つ話題を用意しろ。ひとつはどこに共感したか、もうひとつはどこがわからなかったか。その二つさえ言えば、あとは著者がしゃべってくれる」。つまり、自分の共感のありかを言うことで著者とのチャンネルが生まれ、どこがわからなかったかを言うことで期待されているレベルがわかる。そこからは出たとこ勝負、それがぼくのアドバイスだった。鈴木さんが言うこととは性格が違うけれども、相槌を打つための準備と関係はするだろう。
ちなみに鈴木さんは「あとがき」にこう記している。

一般に、日本の編集者の多くが、作家相手に何をするかといえば雑談だ。そして、その雑談のなかから作品が生まれている。それは、作品のテーマから話を始める欧米のEditorとは、まったく真逆の手法だが、これぞ、日本の編集者なのだ。

この話、雑談のなかでぼくが言ったことから敷衍したように書かれているが、なに、元編集者でもある鈴木さん、先刻ご承知のことなのである。
ともあれこの『仕事道楽』、雑談の精神で貫かれた本といっていい。そしてつくづく鈴木さんは「雑談の名人」と思わされたことであった。

「野次馬精神」こそジャーナリストの魂

ぼくはその後、単行本『ジブリの哲学』(二〇一一年)の編集に携わることになり、退社後も『仕事道楽 新版』(二〇一四年)を手伝うなど、彼に接する機会が多かった。彼はぼくと同年である。おそらくどこかに、同じ時代の空気を吸ってきたという共通感覚があるのだろう、彼が語り出す一々は深く身に沁みた。

まだまだ語りたいことがあるが、さすがに紙幅の制限がある。最後に彼のジャーナリストとしてのすごさに触れておきたいと思う。彼は映画人であるとともに、すぐれたジャーナリストなのだ。

それを象徴するのは、スタジオジブリが刊行している月刊誌『熱風』。ここでは、映画やアニメーションを題材に取り上げるのは当然として、社会的問題に対する発言も多く登場する。たとえば沖縄・辺野古をめぐって、琉球新報社社長＝富田詢一さん、沖縄県知事＝翁長雄志さんのロング・インタビューを掲載していた（二〇一五年五月号／七月号）。そして、そうした社会的関心が背景にあるからこそ、マニアックになりやすいアニメーション論なども また、現在の文化状況を反映するものとして新しい色彩を帯びる。ともあれ毎回の特集はいつも刺激的で、ときに思いがけないテーマが取り上げられ、視野の広さと目配りの確かさに何度も感嘆したものである。

これだけのレベルの月刊誌を出し続けるのは出版社であっても難しく、スタジオジブリのただならぬ底力を感じさせる。これはむろん、鈴木さんだけの力ではなく、スタッフの力量あってこそである。しかしその起点はやはり鈴木さんだ。

彼は徳間書店時代、週刊誌「アサヒ芸能」に携わっていて、元特攻隊員にインタビューしたり、暴走族に密着取材するなど、出色の企画力を示した。その原動力は「野次馬」精神だと彼は言う。

ふつう野次馬というと悪い意味ですよね。でもぼくは評価していいことばだと思う。野次馬というのは好奇心旺盛で、しかもけっこう正確に物事をとらえるじゃないですか。

健康な「野次馬精神」こそ、ジャーナリストの魂である。それがしっかり『熱風』編集に息づいていた。

彼の原発に関する見識も、これと無縁ではないだろう。彼は「東日本大震災」以前から、原発の危険について、こう言っていたという。「廃棄物をどうするか、まったく解決されていないんです。事故が起きるかどうか以前に、技術として完成していない。そんなものがあっていいはずがない」。とてもわかりやすく、納得させる論理だった。「大震災」以降、スタジオジブリは「原発反対」を掲げ、宮崎さんもその意思表示をしたことが話題になったが、それは事故が起きたから始まった行動ではなく、すでにそもそもの危険を自覚していた。こうした見識と硬骨さがまた、ジブリの風土をつくっているとぼくは思う。

この人のすごさはまず、いつも明るいことである。名プロデューサーとして地歩を確立する道が平坦であったはずもなく、何度も危機に遭遇し、波乱万丈だったといっていい。しかし彼はこともなげに、淡々と語る。そして、これだけの達成を成し遂げながら、決して立ちどまらないのがすごい。過去を振り返らず、つねに新しい課題に向かっていく。この若々しさに何度、驚かされたことか。

鈴木さんを真似することなど、そう簡単にできるはずもない。しかし、真似しようとすることで近づけるものはあるはずだ。鈴木さんとのお付き合いはその思いを強くしていく日々でもあった。

「勉強は楽しんでやるものだ」［井波律子］

井波律子（いなみりつこ）中国文学者。一九四四年富山県（高岡市）生まれ。京都で育つ。金沢大学教授をへて国際日本文化研究センター教授（同名誉教授）。著書『中国人の機智』『三国志演義』『トリックスター群像』『論語入門』『中国人物伝』（全四巻）など。また『完訳 論語』をはじめ『三国志演義』『世説新語』『水滸伝』などの全訳がある。二〇二〇年逝去。

最初の岩波新書――『三国志演義』

井波律子さんのお名前を初めて意識したのは 中公新書『中国人の機智――『世説新語』を中心として』（一九八三年）である。なぜ読もうと思ったか、もう覚えていない。覚えているのは、読みはじめたらもう夢中だったことである。ここでとりあげられているのは、中国六朝時代の文人エピソード集『世説新語』（五世紀なかばに成立）なのだが、登場する人物の強烈な個性を見事に描き切るとともに、視野は魯迅・毛沢東にまで及ぶ。ぼくはこの緻密でありながらスピード感溢れる語り口にすっかり魅せられた。このとき彼女はまだ三〇代後半、すごい人がいるなあと感嘆したものである。かくしてぼくの脳裏に彼女のお名前が刻まれる。新書編集部に移ったとき（一九九一年）、執筆をお願いしたいと思う著者候補に井波さんのお名前が浮かぶことは当然であった。ヒントとなったのは『読切り三国志』（筑摩書房、一九八九年）。この本、いわば三国志の実像探しで、英雄たちの素顔を描き出している。ぼく自身、誰はばかることもない三国志マニアだったから、文章のテンポのよさを堪能しつつ、とてもおもしろく読んだ。そしてそのとき、脳裏に閃くものがあった。実像探しとしてはひとつの到達点を示している、ならば、この実像がどのようにして虚構＝物語世界として結実していくのか、それがテーマにならないかと。思いついたときはいささか興奮した。

お願いの手紙を書いたのは一九九二年一〇月。けっこう長いものになった。ちなみに、編集という仕事で手紙はとても重要である。何より言いたいことを全部言えるからだ。共感のありか、期待のありようを伝えるのに手紙以上のものはない。

すぐにお返事をいただいた。そこには「『三国志演義』の物語世界は、いかなる素材から、何をふくらませ、何を捨象して構成されていったかというご提案のテーマはたいへん新鮮でおもしろく、非常に興味があります」とあり、ぜひ取り組みたいと続いていた。これほど嬉しい言葉があろうか。そしてこの手紙、えらぶったところがまるでなく、とても素敵なのである。ときどき書き損じがあり、バッテンをつけて訂正されていたりする。さらに「書くときはワープロなので原稿はきれいです」などという付記があって、つい顔がほころぶ。肉声が聞こえる思いで、ぐんと距離が近くなった。

その後、内容をめぐって手紙のやりとりが続き、初めてお会いしたのは九三年五月、金沢の喫茶店である（井波さんは当時、金沢大学教授）。初対面からもうほとんど旧知の気分、打ち合わせもそこそこに、三国志世界で美男の武将といえば呂布《りょふ》か馬超《ばちょう》か、などとマニアックな話題で盛り上がる。

編集者としての仕事は、ここでもう終わったようなものであった。井波さんが意欲を燃やしてくれる以上、ぼくが予想するレベルをはるかに超えたものに結実するのは明らかだからだ。新書『三国志演義』（一九九四年）は、何よりまずぼくが興奮して読んだのである。そしてロングセラーとなって、いまに続く。

「怖めず臆せず、おもしろくて愉しい対象を求めて」

井波さんとの関係はむしろ、ぼくが営業部に異動した一九九九年以降に、より密接になった。というのは、井波さんは一九九五年、国際日本文化研究センター教授となって京都在住であり、ぼくは営業業務ゆえに関西出張の機会が増えたからだ。つまりお会いできる客観的条件ができたのである。

ぼくは仕事の空き時間に、ずうずうしくも「コーヒーでもいかがですか?」とお誘いし、貴重な雑談タイムが実現する。このとき、企画が話題になるのは当然というもの。かくしてぼくが窓口となり、担当編集者につなぐことで企画化するというひとつのルートができていく。そのなかに初めてのエッセイ集となった『中国文学の愉しき世界』(二〇〇二年)がある。ぼくはつねづね、文章の切れ味もさることながら、井波さんの該博な知識とジャンルを問わないおそるべき好奇心に驚かされていた。このエッセイ集では、その答えのヒントになるかもしれないことが記されていて、大いに興奮しつつ読んだものである。たとえば「あとがき」でこう言う。

いつのころからか、わたしは、勉強は楽しんでやるものだ、自分がおもしろくないことを無理にやっても意味がないと思うようになり、以来、怖めず臆せず、おもしろくて愉しい対象を求めて、古代から近世・近代にいたるまで、中国文学の世界を探求・探検するようになった。

なるほどそうか、と腑に落ちるところはある。自分がおもしろがってこそ本物になるというのは、たしかにそのとおりだろう。本人が興奮していないものが、人を興奮させられるはずもない。

だが、こう言い切る背景に鍛えられた日々があったことを忘れてはなるまい。学生・院生時代の思い出はまさにそれを語っていた。当時京都大学教授だった吉川幸次郎先生の指導がいかに厳しいものであったか、その一端が収録エッセイのなかで描かれている(「吉川先生のこと」)。大学三回生(三年生)のときの演習の話だ。

[吉川先生は]この演習では無慈悲・苛酷の権化に豹変された。やっとどうにか発音できる程度までこぎつけたわたしたちに、先生は一回の演習で少なくとも二十ページはすすむと宣告されたのである。出席者は三回生五人のみ。しかもどこをあてられるかわからない。最初のうちは、ほとんどすべての発音を辞書で引かねばならず、発音を引くだけで八時間もかかったこともある。ほんとうに泣いた。

ここまではすすまないだろうと、手を抜いたりすると、「どうしてチャンとやってこないのか、と先生は怒りに身をふるわせられる」「わたしはいまにいたるまで、あんな我を忘れた激怒を見たことがない」。いまの大学のゼミにこれほどの凄まじいトレーニングがあるのかどうか、よく知らないが、井波さんはこれに耐え、やがてそれまでわからなかったことがわかっていくことの喜びを知ったという。若き日にこれほどの鍛えられ方をするなら、学問することへの姿勢がおのずから定まるというものである。

吉川先生は一九八〇年に亡くなられた。井波さんは論文を書けば必ず吉川先生に届け、いつも葉書で批評がかえってきたそうな。ときに褒めてくれたり、ときに注意されたり……

それだけに、最初の著作『中国人の機智』がついに間に合わなかったことをとても残念がっていた。その思いは、ぼくにもちょっとだけわかる。編集駆け出しの時代、ごく短い期間だったとはいえ、吉川先生の担当になったことがあり（日本思想大系『本居宣長』）、その人となりに接して、厳しさとやさしさを感じたからだ。

井波さんの著作のおもしろさは、古典ときちんと正面から向かい合っているところから生まれている。厳しい鍛錬の日々があったからこその謙虚さというべきか。しばしば古典の一部を都合よく切り取って、おもしろげな解説をしたりする人がいたりするが、そうしたものとはレベルが違う。本格だからおもしろいのだ。「勉強は楽しんでやるものだ」という精神は途中の苦しみを含んでのものであり、苦しいからこそ楽しみもまた倍加する、そう捉えるべき言葉である。たしかなものを求めて岩盤を掘り込んでいく厳しい作業のなかで、初めて「おもしろくて愉しい対象」が浮かび上がってくるというべきなのかもしれない。

こう言ったうえで、もうひとつ付け加えておきたい。井波さんの場合、「文学少女」の魂を失っていないことがさらに魅力的なものにしているのではなかろうか。

井波さんはみずから、中学・高校時代「文学少女」をもって任じていたことを言う。おもしろそうなものを手当たりしだい読んだとも言っている。その幅広さ、視点の広さが、彼女の名を高からしめた『中国的レトリックの伝統』（影書房、一九八七年）、『中国のグロテスク・リアリズム』（平凡社、一九九二年）などにつながったと思う。これまでなかったシャープな視点の論述だったから、書評で「才女」という表現がされたりしたことがある。井波さんはこの言い方を嫌がっていた。ぼくも「才女」は似つかわしくないと思う。依然として目を輝かせている「文学少女」、ぼくならそう言いたい。

新たな展開となった『三国志名言集』

結果としての三部作がある。『三国志名言集』(岩波書店、二〇〇五年)『中国名言集』(同、二〇〇八年)『中国名詩集』(同、二〇一〇年)である。それぞれ企画経緯が違うけれど、体裁上は共通するものになった(函入り、本文二色刷)。その第一冊目、『三国志名言集』はぼくの提案である。

世に三国志ファンは数多く、したがって関連書はヤマとあって、三国志名言集と銘打ったものもいくつか出ていた。だが、そのほとんどは有名な逸話を適当につまみ食いしている観があり、物足りない。これこそホンモノという本をつくりたい、言葉の響きの美しさも伝えたい、本格ゆえにおもしろいという一味違う決定版を編みたい。そんな提案をもって、井波さんを訪ねた。

「おもしろそうだ。やってみよう」、快諾いただいて喜んだことはいうまでもないが、そこからの彼女はまさに一味違った。きちんと正道を踏んで、徹底的にやったのである。「あとがき」にはこうある。

［かつて『三国志演義』を全訳したさい］『演義』にはたしかに特記すべき名言や名セリフが随所にちりばめられているけれども、これらの言葉はいずれも『演義』の物語展開と緊密に結びついており、それがいかなる場面や状況で発せられたかを把握しないかぎり、真の意味も面白さもつかめないと痛感した。このため、本書のコメントでは、それぞれの名言・名セリフが生まれた脈絡をたどりながら、最終的に百二十回から成る『演義』世界の全体像が浮かび上がるように配慮した。

まさにこのとおりの本になっている。いまもこれを超える本は無いだろう。井波さんはやるとなったら全力なのである。あらためて彼女のすごさを再認識したことであった。

この流れが『中国名言集』『中国名詩集』につながる。すべてに共通するのは「本格だからこそおもしろい」ことをめざす姿勢であり、その見事な達成であった。そしてそれは、当時、営業部統括の立場にありつつ、企画を推進したぼくにとって二重の喜びだったのである。編集関係者としては好評をもって迎えられたことを喜び、営業マンとしてはよく売れたことに安堵する。これはすべて彼女の奮闘のおかげと深く感謝したのであった。

心にのこるエッセイ集──『一陽来復』

忘れがたい本がある。エッセイ集『一陽来復』（二〇一三年）である。

京都を訪ねたある日、「こんなものを書いたんだけど」とコピーが渡された。中身は読売新聞と日本経済新聞の連載エッセイ。帰りの新幹線で読みはじめ、引き込まれた。心に沁みる言葉がそこかしこにあり、とても温かく優しく、そして懐かしい。そのゆえんは序文にあきらかである。

［本書に収められた］これらのエッセイを書いたのは、私にとって大きく生活環境が変わったターニングポイントともいうべき時節であった。私は二〇〇九年三月、三十五年にわたった勤め人生活に終止符を打ち、定年退職した。それから一か月もたたないうちに、ずっとともに暮らしてきた母が九十五歳で他界した。……これから時間もたっぷりあると思った矢先のことであり、しばらくは呆然として仕事が手につかず、時間がたつにつれて、ますます母の不在が痛切に感じられるようになった。

そんなとき、ふと心ひかれたのは鉢植えの花木だった。……春夏秋冬、とぎれなく継続する植物の生命力を実感すると、穏やかな幸福感を覚え、母もこの生命の流れのなかで、今も共生しているような気がしてきた。

本書に収められたエッセイは、こうして母が他界したショックが、花木の生命力を実感することにより、ゆるやかに癒されていく時間帯において書かれたものにほかならない。花木が告げる季節の推移を目の当たりにするうち、中国の古典詩や歳時記に如実に著される四季折々の情景も、より身近にとらえられるようになった。

これはすでに完成したエッセイ集である。再編成の要はとくに無い。とくに「季節めぐって」と題した読売新聞のエッセイは季節が主題であるから、順序は変える必要がなく、変えてはならない。

ぼくの提案はふたつ。ひとつは新聞連載は一月開始だったのだけど、四月から始めるかたちにしたらどうかということだった。本の刊行時期が三月になるからである。実際、四月開始という構成にしても論述に矛盾は生じない。そしてそれがよかったように思う。

いまひとつは本のタイトル。これはけっこう悩んだ。あまり硬くしたくない。同時に内容はちゃんとあらわしたい。メインタイトルとして思いついたのは「一陽来復」。ニュアンスも内容にあっている。そして副題「中国古典に四季を味わう」。自分で言うのもなんだが、ぼくが考えた書名案として五指に入るのではないか。結局、これに決まった。

夢中になった『中国人物伝』

井波さんとの最後の仕事は『中国人物伝』（全四冊。二〇一四年）の準備作業である。刊行時、ぼくは退職して一年というときであり、いよいよ刊行が開始されると聞いて、退職後に綴りはじめた日記がわりの漫筆「日々是好日」でこう書いていた（二〇一四年八月二二日）。

これはぼくが井波さんに提案した最後の大型企画であった。『三国志名言集』『中国名言集』『中国名詩集』と井波さんらしい好著が続いたことは、ちゃんとわかってくれる読者がこれだけいるという確信をもたらした。せっかくつかんだ可能性を生かさないでどうする……　ふと思ったのが人物伝集成。彼女は孔子から毛沢東まで論じることができる稀有な人だ。他社で書いたものを含めて、人物論を通じた中国史を構想できないか？井波さんいわく「おもしろそうだね。いまちょっと時間が無いので、できそうかどうか案をつくってみて」。ぼくが欣喜雀躍したことはご想像のとおり。

やりましたよ、必死に。夜遅くか休日、コピーをとりまくっては綴じ直し、編成案を考えては読み続けた。できるだけ重複を省き、新稿が必要な人物を考えあわせたりして。出張のたびにできた分をお渡しすること数回、ぼくの任務は終了した。

井波さんはそこからがすごい。結局、あたまからすべて手を入れ、見事に筋がとおるものに仕立てていったと思しい。わたしの基礎作業などはるかに超えていく。……それがいよいよ結実するのである。

たしかに当時、夢中になって取り組んだことは間違いない。本務とは違う仕事だから時間外作業であり、ときに深夜に及んだ。しかし、幸せな時間であった。井波さんの文章の切れ味を味わうだけで楽しかったのは事実だが、多分それだけではなさそうだ。いまにして思うことだが、還暦を過ぎて久しいにもかかわらず、まだ「燃える」ものを感じて嬉しかったのかもしれない。ともかく不思議なことに、ほとんど疲れを感じなかったのである。

さて、第一冊の刊行は九月。できあがった本を眺めて、たたずまいのすばらしさにしばし陶然とした。つねづね、著者をはじめ、出版に関係した人たち全員の思いがこもっているほどいい本になると信じてきたが、その典型をみる思いだったのである。そして毎月刊行という離れ業を演じ、年末に最終巻が出る。そのあとがきの謝辞で、ぼくを「生みの親」、担当編集者であるFさんを「育ての親」と表現してくれたことには感激した。嬉しいという言葉ではとても表現しきれず、ちょっと涙ぐんでしまったのは歳のせいだけではない。

＊

ここから先は書くのが辛い。井波さんは二〇二〇年五月一三日、逝去される。体調急変で入院されて容態が一進一退と聞いたときは、心底びっくりした。一刻も早い回復をと心から願っていたが、それはかなわず、悲報に接して呆然たる思いだった。

亡くなられて半年あまりたった二〇二〇年末、夫君である井波陵一先生から最後の刊行書となる『水滸縦横談』文庫版（潮出版社）を献本いただく。その解説で三浦雅士さんはこう書いていた。「私の考えでは、文学者に死は存在しない。読み返せばたちどころに復活するからである。そうして、その希望を語りつづけ、探求の持続をうながしてやまないからだ」と。

三浦さんのおっしゃることはよくわかる。井波さんのお仕事はこれからも読みつがれ、読者の興奮を呼び起こすことを疑わない。そのとおりだと思いつつも、まだ現実を受け入れがたく、気持ちの整理がついていない。

「おどおどしながら、退かず」［小室等］

小室 等（こむろ ひとし） フォーク歌手、作曲家。一九四三年東京都生まれ。ＣＤ『武満徹ソングブック』『時間のパスポート』『プロテストソング』など。著書『小室等的〈音楽的生活〉事典』『人生を肯定するもの、それが音楽』。一九九五年阪神淡路大震災のときに発足した障害者救援のＮＰＯ「ゆめ風基金」では、永六輔さんのあとを受けて代表を務めた。

場面1　坂田明さんの本気

とても好きなエピソードがある。

小室等さんは沖縄・与那国島の老漁師を主人公としたジャン・ユンカーマン監督の長編ドキュメンタリー『老人と海』（一九九〇年公開）で音楽を担当し、ピアノを佐藤允彦さん、サックスを坂田明さんに依頼する。そして映画完成後、与那国島で行なう上映会のために、坂田明さんと連れ立って現地に向かった。語りたいのはそのときの場面。

その一年前、坂田さんはお一人で与那国島を訪ねている。これだけのビッグ・ネームが来島する機会がそうあるわけではない。現地の中学校の先生が「ブラスバンド部員に会ってくれないだろうか」とお願いした。坂田さん、気軽に「おお、いいよ」。生徒たちに会い、別れ際にこう言った、「今度来るときにはいっしょにやろうぜ。やりたい曲を考えておけよ」。そして、映画上映会で再訪する機会に、中学校ブラスバンドと坂田さん小室さんで演奏会をやることになった。会場は学校の体育館。

本番前日、中学校を訪ねた小室さんは坂田さんの指導風景に感心する。坂田さんはまず、みんなにいきわたるだけの未使用のリードを持ってきた。それを提供して、その削り方を教える。「こうやると、同じ楽器でも吹きやすくなるんだ、ほら、やってみろ」。そしていよいよ演奏。「いっしょにやる曲を考えたか?」「イン・ザ・ムードをやりたいです」「わかった、オッケー」。ご存じ、グレン・ミラーの大ヒット曲。でもこのとき、坂田さんは小室さんにそっと耳打ちした、「オレ、やったことないのよ」。初めてやるとはいえ彼はプロ、定型のブルースのコード進行だから、すぐにつかむ。そのうえで指導、「ここは低音セクションが鳴らすと響きが違うぞ」「もっとバーッとやってみろ」。アッという間に曲のアクセントが際立つ。生徒たちの目の色が変わった。そして「ここはオレはアドリブでやるからな、おまえらは楽譜どおりやれよ」。生徒たち、オジサンがなんか格好いいことをしていると目を丸くしつつ、いよいよ夢中になる。

そして一日あけていよいよ本番。控え室に行くと、生徒たちがいない。先生に訊くと、生徒たちがパートごとにぎりぎりまで練習しているという。「これまでこんなことはなかった」。それを聞いた坂田さんは感ずるところがあったらしい。実際に演奏が始まって、とてもいい感じで曲が進行し、小室さんはギターでカッティングを入れて合わせていく。そして、いよいよ坂田さんのアドリブが入るところで…… 彼は本気でフリージャズを吹いたのである。

前日の練習のときは、コード内のスケールでふつうに合わせていた。彼はその程度のことはいつでもできる。しかし、このときはもうグシャグシャの音で、完全なフリージャズ。小室さん「ものすごい音が続くなかで、生徒たちはいったい何が起きたか、びっくりしたと思いますよ。でも彼らは自分らの譜面どおりやるしかないわけで、必死に演奏する。すばらしい音楽でした。ぼくも感動しましたが、なにより子どもたちが感動した。多感な年ごろですからね、演奏が終わって、みんな泣いていました」。

小室さんは坂田さんの気持ちをこう想像している。生徒たちのうまいとか下手だとかいうのを超えたまっしぐらな演奏を前にして、無難に寄り添うのではなく、本気の勝負をする、それがミュージシャンの礼儀だと思ったのではないかと。そして続ける、だからこその感動であり、生徒たちの心のなかに何かが残るものになったと。

ぼくはこのエピソードがとても好きである。むろん坂田さんはすごい、そしてそれをちゃんと受けとめる小室さんの感性もまたすごい。

場面2　ピート・シーガー、オデッタとの出会い

もうひとつ、これもとても好きなエピソード。

小室さんは多摩美術大学彫刻家卒業というミュージシャンとしては異色の経歴を持つ。在学時代にアメリカのフォークソングにはまり、グループをつくって歌い続け、そしてプロになった。何よりピーター、ポール＆マリーの洒落たハーモニーに魅かれたというが、やがてピート・シーガーに代表されるプロテストソングに遭遇する。ベトナム戦争の時期、ピート・シーガーは反戦の象徴的存在でもあった。小室さんは彼の真摯な姿勢に共鳴しつつも、「音楽はそれじたいであるべきであり、何かの目的のための道具に収斂していいのか」と悩む。彼は一九八一年、ニューヨークでピート・シーガーに出会い、率直に訊いたそうである、「歌の有効性とは何か」と。小室さんの証言によれば、彼は「歌はわたしの魂を支え、勇気づけてくれた」と言ったあと、こう続けた。


歌というのは、臆病者が強くなれるほど良い曲でなければならない。

そしてある歌は、怒りに満ちている人を笑わせるほど愉快でなければならない。

そしてたとえば、会社勤めなどで心が冷え切っている人々を暖かくさせ、目に涙を誘うような曲でなければならない。

しかし、いちばん重要なことは、人々を、たとえば子どもでも老人でも、すべての人の

心をつなげていけるものでなければならないということだ。

当時、ピート・シーガー六二歳、小室さんは三八歳。小室さんはこのとき、素直に感動したと述懐している。小室さんは、いかに「殺す」「殺される」という現実があるとはいえ、ほとんどアジテーションと化して、「このメッセージに同意すべきである」とするスタンスはやはり歌の本質と違う、という姿勢は崩さない。しかし、その違和感を保持したまま、そのすべてをひっくるめて、ピート・シーガーという存在は一〇〇％受け入れることができた、尊敬する大先達であることをあらためて認識した、そんな瞬間だったと言うのだ。小室さんの真摯さと柔軟さをよく示すエピソードだと思う。

ピート・シーガーと出会ったのは偶然だったらしい。このとき、井上陽水・吉田拓郎のお二人と連れ立って、ニューヨークの街角のあちこちで歌うという企画があり（「ニューヨーク漂流二四時間コンサート」。実況版ＣＤがある）、「エルサルバドルを第二のベトナムにするな」という集会に遭遇、そこに彼が登場したからだという。

そしてその余韻は、その日の深夜、ライブハウス「フォークシティ」の出来事につながった。この「フォークシティ」、ボブ・ディランがデビューしたことでも知られる伝説のライブハウスである。ここでステージに上がって歌っていると、まったく偶然にオデッタがあらわれた。アメリカのフォーク界では大御所というべく、小室さんにとって憧れの人である。

小室さんは興奮しつつ、思い切って彼女に頼んだ。「何か歌ってくれませんか」。そうしたらあっさり「いいよ」。歌声を聞かせてくれただけでなく、さらに「いっしょに歌おう」と言ってくれる。そのとき、とっさにリクエストしたのが「ウィー・シャル・オーヴァカム」。なぜこの曲が口をついて出たか、小室さんは自分でも不思議だと言う。プロテストソングの代表格とみなされ、それゆえの複雑な気分もある曲なのだ。ピート・シーガーに出会って、素直に向かい合えたのかと彼は言う。

オデッタはすぐ無伴奏のまま、深く静かな響きで歌いはじめた。小室さんは感激のあまり声が出ない。彼女は小室さんの肩を抱きかかえて、「お前も歌え」。小室さんは、歌おうとするとしゃくりあげてきて、ほとんど歌えなかったという。このときの実況録音盤を聴いてみると、たしかに小室さんの声はかすれていて、切れ切れである。しかし、必死に絞り出そうとするその声がなんと感動的なことか!

終わってしまうのが惜しい

いま挙げた二つのエピソードは岩波新書『人生を肯定するもの、それが音楽』(二〇〇四年)に収録されている。ここではたったふたつしか紹介できなかったが、小室さんの話はすべて、人と音楽が出会う瞬間の輝きに関わっていて、「それはいい話だなあ」と何度思わされたことだろう。ステージと客席が截然と区別されるコンサートは、それはそれとしていい。しかし、交じり合い、ともに歌いあい、そのときにしか生まれない音楽のすごさ、すばらしさ。本源的な意味で「音楽の生まれる場」、それを小室さんは語っていた。

小室さんとの縁はまったく思いがけない場で生まれた。永六輔さんの奥さん、昌子さんが亡くなられ、彼女を偲ぶ「百日忌」のときだったのである。この「百日忌」、永さんは「妻はにぎやかな会が好きだったから」と言い、実際、歌も交じって、大いに語り合う会になった。決められた席にかしこまる会ではなかったから、人も行きかい、そこかしこで賑やかに座談の花が咲く。そのとき、たまたま小室さんとお話しできる機会が生まれ、自己紹介をしたうえでいずれ企画を考えたいむね申し述べたのである。こんなことが起きるとは予想もしていなかったから、むろん何の準備もなく、咄嗟のことであった。

幸いなことに、小室さんは覚えていてくれて、ともかく話をしようということになる。せっかくのチャンスだ、編集部有志にも声をかけよう。インタビューというより、みんなが思うことを問いかけ、小室さんが語り、自由に話題が広がっていくかたちでやってみよう。つまりは雑談会であり、そしてこのかたちがとてもよかったと思う。

結果として、のべ一〇数時間にわたり、存分に語っていただくというぜいたくな時間を味わうことになる。そして編成・整理、さらに点検と改訂という作業をへて、小室さんのメッセージのエッセンスを伝えるかたちに結実した。でも、もっと聞きたかった、もっと雑談を楽しみたかった。出来上がった本を眺めつつ、達成感と充実感をたしかに味わいながら、「終わってしまって残念」という不思議な感覚があったことを思い出す。

谷川俊太郎さんと武満徹さんの言葉

この本の「はじめに」に詩人・谷川俊太郎さんと作曲家・武満徹さんの言葉が掲げられている。小室さんはこれが自分にとってのキーワードだという。

〈人生を積極的に肯定する情熱がない限り、歌は生まれないだろうと思う〉

〈おどおどすんな皆の衆〉

まず谷川俊太郎さん。小室さんの話を聞いていて強く感じたことのひとつは、彼の「関係をつくり出す力」である。「エッ、ここまで!」と思うほど、知己の広がりがある。それは彼のひたむきな姿勢、人と仕事に対する興味、さらにはあくなき好奇心ゆえというべきだが、あるとき彼は、それを勇気づけてくれる言葉に出会う。それが谷川俊太郎さんの詩「おはなし」(一九七六年発表)の最終行だった。いわく「おどおどすんな皆の衆」。

彼はこの一句に啓示を受ける。そうか、ぼくの人生は、「おどおどしながら」、しかし「退かず」であったなと。尊敬する人たちに会おうとするとき、怯むのは当然だ。憧れが強ければ強いほど、自分が卑小にみえて、怯む。その怯みを自覚しつつ、しかし「退かない」。この精神でやってきたと得心するのである。この話には心から共感した。

そして武満徹さん。小室さんは若き日、音楽が商業主義に流されて消費される現状を憂いつつ、みずからの音楽活動はどうあるべきか、方向が見えないことを悶々と悩んだらしい。武満さんは「小室さんはずいぶんマジメだなあ」と笑いつつ、「青くさい質問」(小室さんの表現)に快く答える。その対話のなかで、忘れてはならない言葉として心に刻んだのが、「人生を積極的に肯定する情熱がない限り、歌は生まれない」。音楽門外漢であるぼくも、本質をつくみごとな言葉と思える。さすが武満さんであり、これを受けとめて、みずからの音楽活動の基本として大切にしてきた小室さんもさすがである。そして、これがそのまま新書タイトルとなった。異例に長いが、これ以外に考えようもない。

小室さんは武満さんを「人生の師」と呼ぶ。その武満徹さんは一九九六年、六五歳で亡くなられた。あまりに早過ぎる死。小室さんも茫然だったという。お通夜の晩のことを小室さんはこう書く。「武満さんの亡くなった日、通夜にかけつけたぼくと井上陽水夫妻は、通夜会場をあとにすると、新宿の武満さんとの思い出の店で、しばしの時を過ごした」、そして彼は深夜の通夜会場にとってかえし、白い布団にくるまれた武満さんと一人で向かい合う(遺族の方々は控え室にいた)。「ぼくは無断で、武満さんとのふたりだけの時間をいただいた。わがままを通させてもらった。生徒と先生の時間だと思っている」。

ウィー・シャル・オーヴァカム

最後にふたたび、沖縄の映画の話。

二〇一五年、沖縄のドキュメンタリー映画が立て続けに公開された。『戦場《いくさば》ぬ止《とぅどぅ》み』（監督＝三上智恵）、『沖縄うりずんの雨』（監督＝ジャン・ユンカーマン）である。前者は六月、東中野・ポレポレ座、後者は七月、神保町・岩波ホールで観た。この二作品、音楽はともに小室さんである。小室さんはそれぞれの映画に込められた深い思いを受けとめて、控えめながら強い響きの音楽を創り出していた。

そして、『戦場ぬ止み』で重要な意味合いを持つ歌が「ウィー・シャル・オーヴァカム」であることは象徴的だった。重要な登場人物のお一人、ヒロジさん（山城博治さん）の愛唱歌であり、「オレ、これしか知らなくてさ」とテレながら歌う。その思いを受けてというべきか、この映画のエンディングはこの曲をあしらっていた。サックスを吹くのは坂田明さん。最初はメロディを吹いているけど、どんどん変容して展開していく。最後はもう、原型は消え失せて、まったくのフリージャズである。しかし、この曲の精神がしっかり息づいていると感じられた。かつてのプロテストソングが甦り、再生している瞬間。そうか、これはヒロジさん小室さん坂田さんのコラボなんだな。流れるタイトルバックを見つめつつ、聴き入った。

「だあれがいくさだなんてすもだば」［伊奈かっぺい］

伊奈かっぺい（いな かっぺい）　青森を拠点に活動するマルチタレント、ラジオ・パーソナリティ。一九四七年青森県生まれ。本名、佐藤元伸。津軽弁を駆使した方言詩人として知られ、エッセイ、歌詞、イラストも手がける。著書『消しゴムで書いた落書き』『雪やどり』『あれもうふふ これもうふふ』『旅の空うわの空』『言葉の贅肉　今日も超饒舌』など。

一〇年近くの歳月を要した本

青森を拠点とするマルチタレント、伊奈かっぺいさん。彼は日本国憲法第九条を津軽弁で表現した。そのとき津軽弁で言い直すだけでなく、「自分の理解を重ね思いをふくらませさらに笑いをちりばめる」、そうすると、「戦争の放棄」の条項は「だあれがいくさだなんてすもだば」となる（らしい）。

ちなみに「日本国憲法」というタイトルじたいにも振り仮名があるが、これは相当に飛躍している。なんと「つがるもにほんのうち」なのである。津軽衆＝かっぺいさんの反骨というか、プライドというか、そのあたりがほの見えて楽しくなる。この人、まことに一筋縄ではいかない。

さて、彼の著書『言葉の贅肉　今日も超饒舌《よげしゃべり》』（岩波書店、二〇一五年）は、ぼくが退社して二年半後にようやく完成するという難産であった。あとがきの謝辞に「出会いから十年近くもお世話いただいた元岩波書店の井上一夫氏」云々とあるのだが、この本、相談を開始したのが二〇〇七年だから足かけ九年であり、一〇年近くというのはウソではない。なぜ、ここまで遅れたか？

刊行直後、ぼくは退職してから綴っている漫筆「日々是好日」（私家版）で、自分なりの総括を書いている。そこではこう書き出していた。「ふつう時間がかかるのは著者側の事情である。だがこれは違う。〈待った〉のではなく、〈待たせてしまった〉のである。こんなことは後にも先にもこれだけだ」。そしてその理由を、反省を込めて書いているのだが、大きくは以下のような事情だった。

何よりまず、かっぺいさんの引出しがあまりに多彩だったことである。津軽弁の魅力を伝える方言詩人というにとどまらず、言葉遊びへのこだわりはただならぬものがあった。それが軽妙な話術とあいまって、彼にしかない笑いを生み出している。切り口をどう考えたらいいだろう？　さまざまに考え込むことになる。

こんな迷いが生ずるには、彼の特異な立ち位置が関係していた。彼の活動は見事に地域密着型で、ここまで徹底している人はそうはいない。それこそが独自性であり、貴重な活動スタイルであった。実際、東北では超有名人で、青森では知らない人は皆無といっていいほど人気者である。ところがいったん東北を離れると、知らないという人が相当数を占める。ときに、「もちろん知ってますよ」という人に出会うが、そのときはほぼ例外なく強烈なファンである。何となく知っているという人が少ない。そうであればなおさら、「これだ！」という確信を持った企画にすることが必須である。

そのうえで、ぼくのほうの事情があった。いっしょに検討してくれる編集部員が不在だったからである。じつはずっと彼のファンだったというTさんから「ぜひやりたい」というありがたい申し出があったのだが、当時彼女は激務の真っ只中、それどころではなかった。

ここまでは、ぼくが在職中の話である。その後も歩みは遅々としたままで、ようやく二〇一五年春、激務から解放されたTさんと二人三脚、すでにヤマほどあった材料をもとに企画構成案をつくる。彼女が編集会議に上程、可決されて作業が始まった。始まってしまえば一瀉千里、年末に上梓される運びとなる。かっぺいさんはこの歩みの遅さ（そして始まってからの慌ただしさ）にさぞ呆れたことであろう。まったく申し訳ない仕儀であった。

かっぺいさんの世界とは

かっぺいさんと知り合ったのは二〇〇七年冬。時期を明確に覚えているのは、お会いした理由が『広辞苑』第六版の刊行に絡んでいたからである（同書は二〇〇八年一月刊行）。そのとき浮かんだ販売方策のひとつがラジオ媒体の協力を得るということ。すでに永六輔さんからラジオの発信力の大きさを教えられていたから、有効な手段になりそうである。では誰に相談すべきか？　このとき、永さんが信頼する仲間、かっぺいさんが思い浮かぶのは当然というもの。かくして、青森にかっぺいさんを訪ねることになった。かっぺいさんは親切にも、さまざまな情報を提供してくださり、大いに助けられることになる。これには感謝のほかはないが、その一々はこの稿の主題ではないので省く。ここで重要なのは、この出会いが彼の本づくりにつながったことである。

いま書いたように、もともと営業の仕事であった。しかし、お会いしてすぐ、彼の魅力に惹かれる。ちょうど、産経新聞東北版に「言葉の贅肉」と題したコラムの連載をはじめたばかりで、このコラムがまことにおもしろい。連載開始にあたって、彼はこんな趣旨を言っていた。これまで文章読本などというもの、すべて不必要なことばを削ぎ落とし、簡潔明快を旨とする。ならば逆に、どんどん不必要なことを付け加えて遊んでみようじゃないの、それもことばの豊かさでしょと。彼の自在な発想にはただ唸るばかり。営業の仕事と並行しつつ、編集意欲が高まったことはご想像いただけると思う。その後、何度もお目にかかることになり、いよいよその気持ちは強いものになっていく。

多分、お会いして初期のころだと思うが、彼に話したことがある。よく「地方の時代」だと言われたりするけど、誰も真面目に考えてないですよね、みんな中央志向だ、青森を拠点に発信しているかっぺいさんの仕事こそ注目されるべきなのに、云々。そのとき彼は笑って言ったものである。「そうなんですよ、ときどき、昔、活躍していましたねと言われるんです。いえ、いまも活躍していますと答えますが」と。かつて『かっぺいアッコのおかしな二人』という番組があり（日本テレビ系列で放映。一九八六年一〇月〜八八年三月）、彼はおよそ一年半、レギュラー出演していた。それが「かつて活躍していましたね」の理由。東京のテレビに出ているかどうかだけが基準なのである。

そんなありようはおかしいとぼくは義憤を感じる。彼自身は、郷土の青森で自由に活動しているからそれでかまわないという姿勢であり、悠々とことば遊びを楽しみ、三〇冊に及ぶ地方出版の本を出していた。マニアックといえばマニアック、それだけにファンにはたまらない、そんな世界がすでにあった。笑って言う、「永六輔さんから、おまえは売れないように売れないように本を出しているだろうと言われます。そんなことは無いんですけどね」と。そうなると、出版に携わるぼくとしては、こんなすごい人がいるということを広めたい。

彼の方言詩は地域のことばの豊かさを伝えている。同時に、彼の背景には子どものときから親しんだ落語の世界がある。両方がわかる人であり、この総合こそが魅力なのである。そして最初にふれたように、この人の反骨精神はおそるべきものがあった。遊びの精神は権威に囚われない自由な心と切っても切れない関係にある。遊びに徹底するからこそ、政治や社会のおかしさ、きな臭さもしっかり感じ、だまされない。それを体現している人なのだ。この要素はぜひ表現したい。

彼から提供されたさまざまな出版物や文章、トーク記録などをもとにどう編成するかと悩み続けたのも、多少はご理解いただけるだろう。「地方区」を拠点とするがゆえに、そのまま「全国区」として通用するものとしたかったのだ。

現代の狂歌師

もうずいぶん前になるが、まだ在職中のとき、仕事で上京中だったかっぺいさんにお願いして、ロング・インタビューしたことがある（その一部は『言葉の贅肉』に載せた）。このとき、ことば遊びのおもしろさをふんだんに聞かせてもらい、ふと、思いついた言葉があった。彼はいわゆる地口、語呂合わせの達人、これは「狂歌」の伝統につながるのではないかと。

江戸時代以来の文化として「俳句」「川柳」があり、もっと古いものとして「短歌」がある。それはいまも盛行であり、新聞各紙には必ず投稿欄が設けられている。しかし、「狂歌」はほとんど消えてしまったかのようだ。もともと狂歌は世相を皮肉り、反権力の姿勢が濃厚である。いまこそ復権されてしかるべきなのに、そうなっていない。なぜだろう？

かっぺいさんは、圧倒的権力があってこそ、からかいが意味を持つので、いまは政府が矮小化しているからじゃないですかと笑いつつ、手法としてはしつこいくらいの言葉遊びで、作るのがむずかしいからかなと言う。その後、イラストレーター・エッセイスト山藤章二さんに会う機会があり、彼にもチラッと訊いてみた（彼は戯れ絵師を任じ、お上をからかう文化を重んじる人）。「どうして狂歌の伝統がとだえたんでしょう？」。彼も「アレはむずかしいからなあ」という感想だった。

たしかにむずかしく、しつこい。むかし習った有名な狂歌といえば、「世の中に蚊ほど煩きものはなし　ぶんぶといひて夜も寝られず」など世相を読み込んだものが多いが、単なる言葉遊びという性格のものも多々あった。たとえば色づくし。「色白く羽織は黒く裏赤く御紋は葵　紀伊の殿様」。説明不要と思う。

ちなみにかっぺいさん、こんな狂歌をつくったとか。

駆けて森　つゆ思わざる　傍らの側うち見てる　面とむかいて

蕎麦の縁語をズラッと並べた。「かけ」「もり」「つゆ」「ざる」「そば」「うち」「めん」、たしかにここまで並べれば芸である。「親父ギャグ」などと呼ばせない。

彼のコラム「言葉の贅肉」は、この狂歌の精神を文章で表現したものといえようか。時事ネタで縁語を駆使、駄洒落をものともしない言葉遊びなのだから、狂歌の精神に通じることは明白である。それにしても、こんなことを実際にやれるというところが、かっぺいさんの才人たるゆえん。

当然ながら、岩波の本はこの連載がひとつの核となる。ただ、相当にしつこい。そのしつこさがたまらないという読者が多いと聞くけれども、のっけからこれであって、しかもこればかりが続くとなると、あまりに濃すぎるために読者を選んでしまうおそれがある。できるだけ多くの人に読んでほしい、そのために導入をとっつきやすくしよう、バラエティを考えよう。どうすればそれが可能になるか、それが編集側の課題であった。

反骨と笑いの精神こそ

かっぺいさんの世界は幅広く、この小文ではとてもそのおもしろさを伝えきれない。慣用句やことわざのパロディを楽しむ姿勢など、ぼく自身が大いに楽しんだ。たとえば、「悪いことをするときは〈手を汚す〉のに、改心したときはどうして〈足を洗う〉の？」なんて大笑いした。こんな言葉遊びが速射砲のごとく飛び出すのだ。

このおもしろさの一端は（あくまで一端だが）、『言葉の贅肉』からうかがえるかと思っている。もっとも、かっぺいさんから聞いた話では、この本、むかしからの読者は物足りなかったらしい。彼らしい「しつこいひねり」が乏しく、「毒が足らない」という感想があったよし。これは彼らがすでに「かっぺいワールド」に馴染んだ読み手だからだ。入門書には入門書の良さがある（とぼくは信ずる）。ほどよいウォーミングアップと思っていただきたい。

さて、最後に彼のことばを引く。彼はこんなことを書いていた（『言葉の贅肉』補講）。

太平洋戦争で南方に行き、マラリアにかかって帰国したおやじは、戦争のつらい話は一つもしませんでした。逆に「夜中に電線が切れ、敵襲かと驚いて見に行くと、成長の早いヤシの木が伸びて電線を切っていた」なんてね、「ウソがばれても笑えればいい」が口癖。きっと口に出せないほど子どもに聞かせられないほど、戦地でつらい体験をしたのでしょう。

一三歳で母親、一八歳で父親を亡くした悲しい経験さえ、オチで笑わせることができる人である。どんなときも、言葉をひねって会場を沸かせる人だ。この本も全編、言葉遊びに満ちている。その彼がここで、淡々と「口に出せないほど子どもに聞かせられないほど、戦地でつらい体験をしたのでしょう」と記したことに思いの深さを感じた。そしてその流れで、日本国憲法に話が及び、「だあれがいくさだなんてすもだば」と続くのである。

笑いこそが権威権力を撃つ。彼はとくに強調したりしないけれど、また最初からそれをめざしたわけではないだろうけど、この精神が貫かれていると感じる。

彼が活躍したのは「昔」ではない、活躍しているのはまさに「いま」なのである。

Ⅳ

高畑勲『漫画映画の志』（2007 年）

本章はこれまでと趣をかえ、二〇一三年に岩波書店を退職した後、折々に発表したもので構成しています（発表順）。発表媒体と時期はそれぞれの末尾に記しました。

田中琢さん阿波根昌鴻さん永六輔さんは、いまあらためて思い起こすべきこととして、いささか違った角度から再登場いただきました。とはいえ本質は変わらない。

高畑勲さんは亡くなられたときの追悼文です。なお、そのあとに配した高畑さんのブックレットにまつわる一文は、編集した本に即して語る他の文章と性格が違いますが、追悼文で述べたことと関係するので併載します（ここだけ発表順は逆になる）。

この章では、基本的に発表時のままのかたちとしています（メインタイトルも発表時のものを踏襲）。一部、説明を補うなど、若干の字句修正にとどめることをむねとしました。

寧楽の逸民 ―― 田中琢さんの身の処し方

「古色蒼然とした権威になってはならない」

田中琢さん。いま、ご存じの方はどれほどいらっしゃるだろうか? 「ああ、かつて奈良国立文化財研究所（奈文研）の所長だった人だね? よく発掘報告でマスコミに登場されていたよ」という方は失礼ながら多分、お歳を召されている。「卑弥呼の鏡の論争で画期的な説を唱えた研究者だ」という方は考古学に詳しい。「最初の木簡を発見した人じゃなかったっけ?」、そこまで知っていればすごい。

だがおそらくいま、一般的知名度はそれほど高くないと思う。長く平城宮発掘に携わり、埋蔵文化財センター長、文化庁文化財鑑査官をへて奈文研所長と、日本考古学研究をリードする本道を歩み、八面六臂の活躍をした人であるにもかかわらず、である。

彼は一九三三年生まれで八〇代も後半であり、引退して久しいから、何かとせわしいこの時代、忘れられていくのはやむをえない。だが、それだけではない。この人、「寧楽《なら》の逸民《いつみん》」と称し、忘れられることをみずから望んだのである。引退が早かっただけでなく（一九九九年。彼は六五歳）、その徹底ぶりが鮮やかだった。

ここには彼の年来の主張がある。彼が自著『倭人争乱』(集英社版「日本の歴史」2、一九九一年)で、考古学者ヴィア・ゴードン・チャイルドにふれたコラムは強烈だった。田中さんは、チャイルドを二〇世紀に生きた最も偉大な考古学研究者だったと言い、その研究業績を高く評価する。そのうえで田中さんはこう続けるのである。「それ以上にわたくしが感動するのはその生き方だ」と。チャイルドは終生変わらぬマルキストの魂を持ち続け、社会から遊離した学問であってはならないという真摯な姿勢を貫いた。そして六五歳で自死したときの遺書が衝撃的であった。死後一〇年間公表を禁じられた遺書には、こんな趣旨のことが記されていたという。この歳になるともはや新しい発想を生み出すことはできない、有能な後輩たちの道を塞いではならない、古色蒼然とした権威になってはならない、社会の重荷にならないうちに生を終えたい、云々。田中さんはこの遺書を紹介し、「このような人が考古学研究者にいた」と結ぶ。このとき田中さんは五七歳。

「古色蒼然とした権威になってはならない」、それはそのとおりだろう。ただ、これを単純に年齢に還元していいものかどうか、議論の余地はありそうだ。しかし、田中さんは六五歳をもって奈文研所長を定年退官するにあたり、まさにチャイルドにならうのである。彼は退官と同時にすべての学会から退会し、すべての蔵書を寄贈して、学問世界から完全に身を引く。この身の処し方には誰もが驚いた。復活を期待する声がそこかしこにあったが、彼は悠々自適の生活に入り、ものの見事に引退しきる。

もっとも引退直後にこんなことがあった。頼まれた原稿を一本、書き忘れていて、ぼくに電話が来たのである。「必要な本がもう手元に無い。岩波書店の図書室から貸してくれないか」。これには笑ってしまったが、そこまで徹底して処分してしまったのだ。

ぼくはこのとき、ふと中国の「隠者」を思いだした。枯れたから、気力が衰えたから逼塞するのではない。勁《つよ》い意思あってこそできる。どう望まれようと、周囲がどう期待しようと、それを受けないという徹底した姿勢は、「世間から忘れられることを怖れる」凡人にはとても考えられないことだ。忘れられてけっこう、忘れられたほうがいい、とふつう言えるか？

彼はその後、周囲の期待にまったく頓着することなく、自在に遊び（あの人、ネットの達人である）、奥さんと世界各地を旅行し、個人的な葉書通信を書き続ける。ついに「寧楽の逸民」という生き方を貫きとおしたわけで、この身の処し方の見事さには舌を巻く。

考古学のイデオロギー性

だが、学界にとってというだけでなく、ぼくにとっても彼の引退はあまりに惜しく、失われたものの大きさを感じないわけにはいかなかった。そのひとつは考古学のイデオロギー性に関わる問題である。

岩波講座に「日本考古学」がある（全七巻。一九八五～八六年）。彼は編集委員のお一人で、この講座がそれまでには無かった斬新な構成となったには、田中さんの尽力が大きかった。

とくに彼が編集責任者となった第七巻『現代と考古学』がまことに興味深い。遺跡保護問題から学校教育、ジャーナリズムとの関係、また外交問題すら引き起こすナショナリズムの問題など、学問と社会の関わりを存分に論じていた。これは田中さんの問題関心なくして実現しなかったのはたしかである。

こうした観点から考古学を見るということは、当時はほとんど無かったし、いまもそうだろう。ぜひ発展してほしい論点だったのだ。せっかく田中さんが切り開いた問題が埋もれたままになってしまうのは、日本社会にとっても不幸である。何らかのかたちで実現できないものか？　しかし、彼の身の処し方の徹底ぶりは見事というしかなく、これは見果てぬ夢というしかないのかと残念であった。

これで本になるの？

思わぬ幸運が舞い込んだのは二〇一一年の冬だったと記憶する。田中さんから突然電話があった。前年、久しぶりに奈良のお宅を訪ね、雑談したことがきっかけになったのかもしれない。じつは自費出版を考えているのだという。「親父が何をしてきたのか、子どもたちくらいには伝えんとな。まあ、オレの棺桶の蓋が閉まるときにみんなにあげる饅頭本や。編集者としてのアドバイスを訊きたい」。

送られてきたものを読み、興奮した。書いた時期こそ古いが、いまこそ必要と思うテーマがそこかしこにある。考古学とナショナリズムの問題はむろん入っている。それだけではない。彼が文化庁文化財鑑査官時代に初めて当面し、格闘することになる世界遺産登録の持つ問題性、そしてそもそも文化財保存の考え方の変遷等、誰もフォローしておらず、あるいは誰もきちんと整理していない問題が豊富に含まれている。これは学術エッセイ集として十分成立する！　構成案を考えようと必死に読んだ。「幸運の神様には前髪しかない」という西洋のことわざもある。せっかくのチャンスを逃してなるものか。「これで本になるの？」といぶかしげな田中さんを説得した。

最大の問題は執筆時期が古いことであった。六五歳をもっていっさいの原稿執筆を断ったのだから、もっとも新しいものでも一九九〇年代。世の中の状況が変わっている。何らかの注釈が必要だ。しかし、根本的問題はまだ生きていて、いまこそ重要ともいえる。

たとえば世界遺産のことだけ、少し。最大問題は「優品主義」であり、一つを指定すると、それ以外はできないということ。城郭建築でいうと「姫路城」を指定すれば、同種の城は指定対象にならない。世界遺産指定は観光資源獲得の立場からすれば「めでたい」ことだけど、それに踊っているだけでいいのか？　この問題性はほとんど報道されることがない。遺跡保護とは何かという大問題が欠落しているのである。あらためて彼の問題意識の鋭さに驚かされる。

この企画、いろいろ経過があって、いったん消えかかったが、やはり彼の仕事を惜しむ声は大きく、彼が信頼する現役の研究者がフォローするということで、遠からず刊行される運びとなった。むろん、すでに退社しているぼく自身は関わることはないけれども、本となって世に問うことができるのは嬉しいことである。

（『広島ジャーナリスト』二〇一四年一二月号）

［付記］二〇一五年三月、岩波現代文庫『考古学で現代を見る』として刊行された。

わびあいの里 ―― 阿波根昌鴻さんの生活と思想

ふたつの場面

阿波根昌鴻さん。ぼくにとって象徴的と思えるふたつの場面がある。

その一。ＤＶＤ「ある日の阿波根昌鴻さん」。

写真家張ヶ谷弘司さんが長年にわたって阿波根さんを撮影した写真集『天国へのパスポート』（二〇一五年）に付されたものである。彼が一九八九年一月一日、「わびあいの里」で日常仕事にいそしむ阿波根さんを撮影したもので、およそ二〇分の映像。

当時八六歳だった阿波根さんはずっと、撮影している張ヶ谷さんに語りかけながら、手を動かし身体を動かす。たとえばこんなふうに。

「水をきれいにしてやるとね、水が喜ぶ」
「（ブリキ缶で水を汲み）いっぱいにするとこれも喜ぶ」
「（草木に）水をかけてやると喜ぶ」
「みんなを喜ばす、というような考え方ですね」

「(鎌を研ぎながら) 農具はいつもピカピカにしておかんとね、そしてありがとうと言う」

この語り口はとても懐かしい。そう、阿波根さんはこんなふうにしゃべるのだ。「みんなを喜ばす」「そしてありがとうと言う」、感謝をもって日々の生活を営む姿勢ゆえに紡ぎ出される言葉といえようか。

反戦地主の立場を貫き、まさに不屈の闘士というべき阿波根さんは、一方で「人は責めあいであってはいけない」「わびあう精神こそが平和をつくり出す」と語る人だった。いや、「一方で」などと言ってはいけない。律儀な農民の魂を持ち、農民としての誇りが背骨にあるからこそ、不正を許さない粘り強い闘いが展開されたのであり、人の心を打つ知恵の言葉が生まれた。彼のなかでは、戦争反対基地反対の運動と日常生活のありようはしっかり結びついている。それを象徴するとても大事なシーンだと思う。

その二。速記録に残る会話。

ぼくが初めて伊江島を訪ねるのは一九九二年四月一五日である。二日にわたってインタビューし、そのすべてに謝花悦子さんが同席してくれたのだが、速記録にはお二人のこんなやりとりがあった。

阿波根 [警備の] 機動隊にも相手の立場を考えて「ああ、御苦労さんです」と言って、頭を下げるんです。向こうもそれをやらないと生きていけませんからね、「ああ。ご苦労さんです」と。

謝花　平和行進のときなんか、数十名の警部補がこっちに来たさ。港のほうで私服が待ち構えていたときがありましたでしょう、あのときのあいさつでちゃんと「きょうはたくさんの警部補がみなさんを守りに参加されているから」って（笑）。

阿波根　もう安心して行進してください、安全だから、たくさんの警部補が守っておりますから……（笑）。

ふつうなら、行進参加者に「警察がいるから注意してください」とでも言うところだろう。それを「安心して行進できます」という言い方で警察の存在を知らせるとともに、警察に「君たちの本当の仕事はこれだよ」と諭す。このときはさらに、「警察に加わってもらって、警察を先頭を行進しましょう」とも言ったらしい。これには警察も苦笑せざるをえなかったろう。だがこれは、警察への皮肉、揶揄などというものではない。これは何よりまず、無用な軋轢を防ぐための知恵の言葉であった。そして、本気の呼びかけが含まれていることが大事なのである。「取り締まるべきはわれわれじゃなく、別の人だと思わないかね」「君たちもちゃんと戦争に反対しなさい」と。

そういえば、盟友である牧瀬恒二さんは、反戦資料館「命どぅ宝の家」を訪ねた小学生の感想文の豊かさに感動し、そのなかに「お爺はどうしてこんなに頓智があるんだろう」とあったことを紹介していた（岩波新書『命こそ宝』あとがき）。お爺とはむろん阿波根さんのこと。ユーモアがわかる人であり、だからこその痛烈な表現。これこそが阿波根さんである。

「わびあいの里」という思想

「命どぅ宝の家」は、彼が建設した福祉と平和の村「わびあいの里」の一郭にある。この「わびあい」ということばに阿波根さんの思いがあらわれていよう。彼は若き日、京都・一燈園に学んだ。そこで啓示を得る。「責めあいでなくわびあい、それが人が幸せになる道であり、平和の道である」と。

「わびあいの里」の設立趣意書（一九八一年）には「争いを無くし、家庭も社会も国も平和で豊かに暮すことをどうすれば実現できるかを、常に念じてまいりました」とあり、「私たちの理想とする福祉と平和の村づくりの一環」であるという。阿波根さんの戦争反対、基地反対の闘いは、日常における生活態度に深く結びついていた。

この思想に貫かれた「わびあいの里」。この地を訪ねた人は誰しも感じることと思うが、反戦資料館「命どぅ宝の家」の展示に沖縄戦の苛烈さを体感するとともに、穏やかで平和な雰囲気のなかにいることに気づく。阿波根さんはもちろん、謝花さんをはじめとする方々がまさにこの精神を体現しているからだと思う。

阿波根さんは謝花さんについてこう言っていた、「［わびあいの里］設立の」発起人として、わしと連名になっている謝花悦子も身障者であります。子どものときにカリエス性関節炎になって、松葉づえが必要でありますが、もう三〇年もわしの片腕となって、仕事を助けてくれておる人であります」（『命こそ宝』）。

ここまで書いて思い出した場面があるので記しておこう。インタビューのときのことだ。このとき、阿波根さんはすでに耳が遠くなっておられた。ぼくはずいぶん大きな声でしゃべったつもりなのに、しばしば届かない。「ン？」という表情で謝花さんを見、彼女がこれこれと言うと、そうかとうなずいて語りはじめる。それほど大声とは思えないのに、謝花さんの言葉はしっかり届くのである。そう、あのときにお世話になったスタッフ、山城弘子さんの声もちゃんと伝わる。あれは本当に不思議だった。阿吽の呼吸というのか、謝花さん山城さんとの心の通った関係はとても気持ちいいものだった。

これはインタビューの記録にもよくあらわれている。謝花さんの相槌が見事なのだ。阿波根さんのしゃべりを敷衍し、さらに話題を広げていく。あんなことがあったねえ、こんなこともあったよと。

そのなかに、天皇を崇拝し日の丸を掲げた人たちが来たときの話があった。阿波根さんは彼らにこう言ったという、「あなたたち、天皇が大事なら戦争を起こしちゃいけないよ。今度戦争が起きたら核戦争。皇居に原爆が落ちる。だからいっしょに平和運動をやりましょう」

と。阿波根さん「みんな黙って聴いておりましたですよ」。言葉はわかりやすい。だが、阿波根さん以外に誰がこんなことを言えるか。そしてそんな話を引き出してくれるのが謝花さんだった。この話はむろん『命こそ宝』に採録してある。

「支える」ことで「支えられる」

阿波根昌鴻さんに親炙してきた方々には共通する特徴がある。傍からみれば、阿波根さんを「支える」活動といえようが、しかしみなさんは多分、そう思っていない。自分こそが阿波根さんに「支えられた」と思っている。阿波根さんという人のすごさは、こんなところにもあらわれているとぼくは思う。

これは阿波根さんの姿勢のありようがその人を触発し、眠っていたものを引き出すからではないだろうか。彼に質問すれば、「これだけはダメだよ」「これはあってはならないよ」とはおっしゃるだろう。だがいつも「わたしはこうしてるよ」であって、「こうしなさい」とは言わない。そして黙々と自分がなすべきことにいそしむ。彼の日常に接するなかで、ふと気づかされるのだ。こう考えるべきだな、こう行動すべきだなと。言われたから納得するのではなく、自分自身の心の中から浮かび出ることばを得たとき、初めて本当に自分の力になる。

阿波根さんに接した人たちはみな、多かれ少なかれ、そんな経験を持つ。だからこそ、阿波根さんに「支えられた」という感を抱くのではなかろうか。こういう言い方をしていいなら、阿波根さんは「偉大な触媒」なのだ。
たとえばということで、ぼく自身、考えさせられたことを記しておきたい。援農活動についての彼の言葉だ。彼はこんな言い方をしたのである（『命こそ宝』）。

土地には魔法がある。いろいろな作物が育つ。土地より上の宝はない。その土地に援農に来てもらって、生産とは何かを体で知ってもらう。……労働が終わったら交流会。この土地から上がる利益だけが援農の目的ではない。むしろ農作業とその後の交流会。そのこと自体が目的である。人間の喜びとはこういうものでなければいけない。

阿波根さんのこの静かな語りを聞いたとき、ぼくはじつはショックを受けた。彼はこれ以上言わなかったけれども、このときぼくにはこんな言葉が聞こえてきたように思えたのだ。「助けてあげる」という姿勢ではいけないよ、そんな思い上がった気持ちなら来なくていい、「土」が可哀そうだ、と。そしてそれは、ぼくの中のどこかにあった、「いま沖縄が大変だ、助けなければ」という感覚のありようを問いただすことに繋がった。「助けなければ」という気持ちにウソはないかもしれない。だが、それは外からの視点であり、さらには「助けている」という自己満足が絡みついたりしていないか、と。
あの人は決して人を責めない。つねに感謝するという姿勢は一貫している。そして「わたしはこう思うよ」「こうしているよ」と淡々と語る。静かであるが毅然とした姿勢を誰もが感じる。人はそれにインスパイアされるのだ。ぼく自身、このときはこれ以上の言葉が無かったのに、みずからの姿勢を省みなければいけないと緊張した。

ぼく自身は、阿波根さんの晩年、本づくりという観点から関わったにすぎず、垣間見たに過ぎない。しかし、そのぼくにして、大事な「気づき」の経験があったのである。長年、親炙してきた人たちはなおさらであろう。だからこそ、毎年のように通い続けた方々がいらっしゃるのだと思う。

阿波根さんの夢

阿波根さんの夢は農民学校設立だった。そして自分のひとり息子には、その学校の先生になってもらおうと期待した。そのすべてが戦争によって破壊され、いまだに基地の村から脱しえていないどころか、いっそうきな臭くなっている。

阿波根さんは何より、戦争反対、基地反対の旗手として知られた。だが、彼の運動は政治的かけひきのためではない。人間としての振舞いこそが大切という理念に裏付けられている。あの人、運動のリーダーであるとともに、それ以上に「人生の師」であった。それだけに、彼が決して許さなかったもの、それを許してはならないと思う。

最後に新書『命こそ宝』の結びの文章を掲げたい。

この伊江島はね、海も動いているし、生きておる。こうして木を見ていますとね、(風が吹くと)木によって、踊り方がみな違う。木の葉の大きい木の踊り、木の葉の小さい木の踊り、みな違う。それも見事。
天を見たらですね、雲がどんどん動いて、いろいろなかたちに変わる。舟になったり、ライオンになったり。それもまた見事。
何でも生かしていかなければならない。戦争がない平和の島をどうしてもつくっていかなければならない。わしはそう強く思っております。

「わびあいの里」はいま、長年の同志であった謝花さんが阿波根さんの遺志を受け継いで主宰されている。そして彼女は資料館に見学に来た小学生を含むさまざまな人たちに、阿波根さんの思想を語り続けている。まだの人はぜひ、訪ねてほしいと思う。

(『広島ジャーナリスト』二〇一五年秋季号/九月一五日発行)

『漫画映画の志』のこと ——高畑勲さん追悼

遅ればせのジブリ・ファン

ぼくがジブリ・ファンになったのは相当に遅い。好きか嫌いかというまえに、ほとんど作品を観ていなかったのである。それなのに、高畑勲さん『漫画映画の志』（二〇〇七年）、そして鈴木敏夫さん『仕事道楽』（二〇〇八年）を編集することになった。めぐりあわせとはおもしろいもので、つまりは偶然なのだけど、ぼくがのめりこんだ理由ははっきりしていた。「人」に惚れたのである。惚れた以上、その「人」の作品世界を知りたくなるのは当然で、観るたびに引き込まれていく。かくしてぼくは、まことに遅ればせながら、ジブリ・ファンの一人となった。不思議な迂回路をたどったものだと苦笑する。

しかし、こと編集に限れば、作品世界をよく知らず、したがってファンではなかったことが逆によかったのかもしれない。相手が憧れる対象であるとき、どうしても臆する気持ちが生ずるし、ときにマニアックになる。門外漢であるがゆえに、素直に向かい合え、遠慮なく突っ込めるという利点があったからだ。当時はその言葉では考えていなかったけれど、鈴木さんの言う「野次馬精神」を発揮したことになるか。幸いなことに、高畑さんも鈴木さんもその関係をおもしろがってくれたと思う。これほど楽しくスリリングな経験もそうはない。

意外な対応に戸惑う

高畑さんと初めてお会いしたときの場面はよく覚えている。そして、これこそ高畑さんらしいと思うエピソードのひとつとなった。ときは二〇〇六年四月二〇日、場所はスタジオジブリ会議室。紹介してくれた田居因《たいゆかり》さんの同席のもと、本づくりに向けてご相談したいむねを述べた。このときの反応が予想外だったのである。

終始温顔で、フレンドリーではあるものの、簡単には相槌を打ってくれない。そのうちに彼、こんなことを言い出す、「こんな話、いったい誰が読むんでしょうね。売れませんよ」。そして、一般書に向いていない理由を次々に列挙する。さすがの分析力というか、その理由が一々もっとも。いささか戸惑い、真意をはかりかねた。というのは、ぼくが話を持ちかけたには前段があったからである。

映画『ゲド戦記』（二〇〇六年公開）のおかげで、原作出版社である岩波書店とスタジオジブリとの付き合いがはじまり、関係者で会食する機会があった。手元のメモによると三月二三日だから、高畑さんにお会いするちょうど一か月前。その折、鈴木さんが言う、「高畑さんがいま取り組んでいるテーマがある。熱が入っているいい仕事だけど、一般性があるとは言いにくい。どこの出版社もしり込みするような性格だ」云々。正確な表現は覚えていないけれども、こういった趣旨。とくに強く推すわけではなく、それでいて、どこかしら挑発的な響きを感じさせるのが鈴木さんである。「岩波さんも無理でしょうね」、もしかしたらそう言いたいのかな？　俄然ファイトが湧いた。「できるかできないか、わからないけれど、ともかく一度検討させてくれませんか」。

やがて、田居さんから講演記録が届けられた。その講演タイトルは「二人の巨人〜ポール・グリモーとジャック・プレヴェール」。これを読んで、ぼくは驚嘆する。グリモーなる人はまったく知らず、プレヴェールがシャンソン『枯葉』の作詞者と知る程度。しかし、二人の人間像がまざまざと浮かび上がってきた。ただならぬ筆力で、何より「熱」が感じられる。この二人が心血を注いだ映画が『やぶにらみの暴君』（日本公開一九五五年）で、高畑さんが「この映画の影響は決定的でした。もしこれを見ていなければ、わたしはアニメーションの道に進むことはなかったと断言できます。それほどの衝撃だったのです」（『漫画映画の志』序章）とまで言う作品であった。この『やぶにらみの暴君』が『王と鳥』として改作されるまでの数奇な運命が主題である。追求の価値ありと興奮したものの、まだ全体の構成がわからず、語り口も確定していない。何よりまず、高畑さんのお考えを訊こう、そのうえで次を考えよう。田居さん「では一度、高畑さんと会ってください」。

かくして初対面の場面に戻る。彼自身が意欲を燃やしていると理解してその場にのぞんでいたから、冷静過ぎるほど冷静な態度に、一瞬困惑したのだ。高畑さんの「熱」あってこその企画なのである。アレ？　やりたくないのかな？　どうしたいんだろう？　と。あとでこの分析能力というか、分析好きなのは彼の特質の一部であることを知る。たとえば『仕事道楽』編集過程で鈴木さんから聞いた話があった。『風の谷のナウシカ』のプロデューサーとなることを渋った一件である。彼は鈴木さんに対して、プロデューサーはどうあるべきかをノート一冊にまとめていたそうな。そして言う、「だから自分は向いていない」と。鈴木さん「これには呆れちゃったよ」云々。性格こそ違え、このときも似たようなものであったかと苦笑したものである。

むろんそのときはそこまでわからない。自信を失いかけたが、気を取り直して訊く、「それじゃ専門書仕立てにする方法もありますよ」。わかる人たちにだけ向けて、少部数でつくるのでもいい。ともかく形にすべきだと。しかし、詰めていくと、それにも乗り気じゃない。だんだんわからなくなる。こんなときは原点に戻ったほうがいいと覚悟を決めた。あらためてまっすぐ訊く、「高畑さん、広く読んでほしいとお思いじゃないんですか」と。「それは……広く読んでもらいたい」。なんだ、それを最初に言ってくださいよ！　彼も「そうだね、ハハハ」と大笑いになる。こうして、そうかこの人、迂回路をすべてつぶしてからようやく本道に戻る人なのだなと理解したのだが、それ以上に意味があったのは、笑いが弾けたこと。彼は大家であり、その文章力に圧倒されていたから、ぼくはやはり緊張している。彼は彼で、どこかテレがあり、心を開き切ってはいない。それがこのとき、一瞬にしてほどけたのである。思い切って言ってみて、よかった。ここからはもう和気藹々であった。

何より「熱」を感じつつ

方針が決まってからの高畑さんの馬力は大変なもので、彼の本領を目の当たりにすることになる。一般書としてつくる以上は読者を引き込む工夫が必須で、導入さえうまくできれば、あとは高畑さんの文章の迫力が解決するに違いない。そう確信していたから、序章についてはけっこう意見を言い、何度も往復したけれども、本論に入れば口を挟む余地はなかった。一般的にいって、いつまでもすいすい読めるのでは、かえって読後感が弱くなる。流れに乗ってきたらゴツゴツした岩もまた必要なのだ。その岩に対する読者の挑戦意欲を掻き立てるのが著者の「熱」。そしてこの本、「熱」は存分にあった。

ここまでくれば、編集者としてやるべきことはただひとつ。前提知識なしで読める仕立てになっているかどうかである。どの分野の本でもそうだが、馴染んだ人たちの間で成立している暗黙の了解があり、いわば隠れた常識というべきものがある。これは著者も案外気づかない。説明抜きで進行していくと、素養のない読者にとってはだんだんわからなくなって、何だかピンと来ないなあという感想になりやすい。このとき、こちらがアニメーション世界の素人であることが逆に役立ったように思う。アレ？ どうしてこうなるのかな？ と感じたことを何でも訊いたのである。それにしても、そんなナイーブな感想をきちんと受けとめて、見事な改訂をくわえてくるのはさすが高畑さん。こういう仕事はとても気持ちよく、こちらも大いにのめりこんだ。

このとき驚いたことがある。彼は当時のフランスでの批評や記事をふんだんに引用しているが、すべてご自身の翻訳なのだ。最初、どういうものが載るのか、候補の一覧がほしいと言ったら、少し渋い顔をした。使うかどうかわからないものまで全部訳すのは骨だと。このとき初めて、そこまで目配りしていたのかと気づかされた。この人の徹底性は大したものである。

ぼくは本務が営業なので、編集が本格化すれば別に担当者が必要になる。原稿が完成した段階で、若手のSさんが担当を引き受けてくれて、彼女と二人三脚で進めることになった。

そしてかなり進行し、いよいよ詰めの段階のとき、校正刷を眺めていて、ふと、少し意味が通りにくいと思えるところに気づいた。気づいたことはやはりお伝えすべきだろう。こんなかたちにしたらどうかなと、軽い気持ちで趣旨を伝える。そうしたら、その反応がすごい。すぐに大量のメールが届いた。彼は言う、あなたはこう言うが、ここはこういう趣旨なのだ、こんなかたちにすれば意味が通るはずで、そのほうがいいと考えるが、あなたはどう思うか云々。つまり、こうするという結論だけでなく、その理由がすべて書かれていた。そしてぼくの意見を問うている。ここまでまっすぐに言われると、こちらもちゃんと向かい合わないわけにいかない。なぜあんな質問をしたのか、どうしてこのかたちのほうがいいと思ったのか、考えた経過をすべて記すことになる。そしてすぐに返事が来て、すぐにまた対応する。

こんなやりとりがあったのは年末年始の休みのころで、それなりに時間を使うことになり、わが休暇は完全につぶれた。苦笑しつつ、この粘り強さに感嘆したものである。

タイトルが閃く

本のタイトルにはずいぶん悩んだ。グリモーやプレヴェールがいかに大事な存在であるか、中身を読めばわかる。しかし、読者にはやはり縁遠いだろう。手に取ってもらうための工夫が必要で、その要はタイトル。『やぶにらみの暴君』『王と鳥』の二作を通じて、アニメーションの本質が浮かび上がってくる魅力をどうしたら伝えられるか。ぼんやり喫茶店でコーヒーを飲んでいるとき、ふと閃いたのが「アニメーション映画の志」。いささか大げさな表現を許してもらえば、まさに「天啓」だった。そうだ、グリモーとプレヴェールにとって「志」であり、それは高畑さんにとってもみずからの「志」につながっている、それこそがテーマではないかと。高畑さんも喜んでくれて、さらにコンパクトにしてくれた。「ぼくらはかつて〈漫画映画〉と言っていた、その言葉を復権してもいいのではないか」と。そして結局、「漫画映画の志」をメインタイトルとし、そこに「アニメーション」と振り仮名をつけるかたちに落ち着く。なお、いま「天啓」などと言ったが、ここには注釈が必要だ。高畑さんの文章を読み続けるなかで、いつのまにか蓄えられたものが発酵したと言うべきだからである。つまり、言いだしたのはこちらであっても、その「天啓」を準備したのは高畑さんの仕事である。

だが、ここで終わらないのが高畑さんだ。もう校了かというとき、担当編集者Sさんから緊急連絡が来る。高畑さんはなんと、「果たしていまのぼくに〈志〉があるかどうか」と悩みはじめたのだという。おかげで進行がストップし、刊行が危うい云々。これには呆然とした。Sさんのがんばりもあって、結果として事なきを得たが、あらためて高畑さんの「誠実」を見た思いであった。「あとがき」はまさにそれを扱っていて、「その出発点で大きな衝撃を受け、影響を与えられたと公言してきたわたしたちが、ここまで見てきたようなグリモーの漫画映画に対する烈々たる「志」を少しでも受けつぐことができたのか」と思いを巡らせる。

いまのエピソードにもあきらかなように、高畑さんの「誠実」はときに迷惑である。しかし、その思いは本物であり、だからこそ関係した人たちはみな、しかるべき本にしようと工夫を凝らした。製作担当者も本文を読み込み、高畑さんの代表作といっていいだけの内容があると感じて、ふさわしいかたちを考える。判型を通常の四六判とせず、あえて大判＝Ａ５判にしたのはそれゆえであり、カバー装丁に坐り込むロボット（『王と鳥』ラストシーンの絵コンテ）をあしらって、本のたたずまいが定まる。

ここまで充実した本づくりはそうあるものではない。これはすべて、高畑さんの本気がもたらした。それは読者の反応からもよくうかがわれる。ぼくは心知れたメディア仲間に謹呈し、紹介を依頼したが、そのなかにこんな返事があった。「わたしにはポール・グリモーという人は初耳、ジャック・プレヴェールもよく知らない。『やぶにらみの暴君』も『王と鳥』

も観ていない。人も映画も知らないのに、引き込まれて一気に読んだ。こんな本には初めて出会った」と。嬉しい感想であった。

その後のこと

そしてこの本、後日譚がある。完成を記念して関係者が集まり、神保町の中華料理店でお祝いをした。スタジオジブリからは鈴木敏夫さん田居因さんも参加。宴を終えた帰り道、ぼくは鈴木さんに声をかける。「さあ、次は鈴木さんだ」。かねてから彼の新書を実現したいと思っていたから、こんなときこそチャンス。この場面は新書『仕事道楽』のあとがきに出てくる。しかし、このとき高畑さんが「井上さんの本命は鈴木さんなんですよ」と言ってくれたことは、そのあとがきを読むまで知らなかった。高畑さんはちゃんと応援してくれたのである。その親切が身に沁みた。

その後、高畑さんとここまで濃密な時間を過ごす機会はない。ときに企画をつなぐ程度の役割は果たしたものの、彼の作品を観て、また書かれた文章を読んで思いを馳せることになった。つまりぼくは彼を見つめるファンになったのである。そしてそれは本づくりで感じていた高畑さんのすごさを再認識する時間でもあった。

いまあらためて思う、彼は芸術家であるとともに知識人であったと。いま知識人という言葉はかつてほどの輝きをもたない。しかし、その名に値する数少ないお一人が高畑さんだったのではないだろうか。『漫画映画の志』で、ポール・グリモーとジャック・プレヴェールを論じる筆が生彩を放つのは、彼らがアニメーションというジャンルで瞠目すべき成果を挙げたというだけでなく、社会を視る目と繋がっていることをきちんと位置づけたからであった。彼ら自身が知識人なのである。そしてその「志」は高畑さんのものでもあった。冷静な分析力、揺るがぬ信念、そしてそれを支える熱。あらためて彼のすごさを思う。

その姿勢はたとえば岩波ブックレット『君が戦争を欲しないならば』（二〇一五年）にもあきらかである。彼の言う、憲法九条を変えてはならないという論理には深く納得した。いまこそ、彼の発言や講演に学ぶべきものは多いはずである。未発表のものがいずれ編まれて、世に出ることを強く願う。

（スタジオジブリ『熱風』二〇一八年六月号／特集「追悼 高畑勲」）

『君が戦争を欲しないならば』——高畑勲さんのブックレットを読む

『火垂るの墓』は反戦映画ではない

アニメーション映画監督として知られる高畑勲さん。彼が昨年末（二〇一五年一二月）に出した岩波ブックレット『君が戦争を欲しないならば』の話から始めたい。

このブックレット、二〇一五年六月に岡山で行なった彼の講演記録をもとに、大幅に加筆したものという。彼の語りはまず、みずからの作品『火垂るの墓』への言及からはじまった。

『火垂るの墓』が完成すると、この映画は「反戦映画」というジャンルに入れられました。しかし私はそれに違和感を覚え、「これは反戦映画ではない」と主張しました。……悲惨な体験というものは、もちろんしっかり語り継ぎ、記録し、伝承していくべきことです。……しかし、そういった体験をいくら語ってみても、将来の戦争を防ぐためには大して役に立たないだろう、というのが私の考えです。……その理由は、端的に言いますと、戦争を始めたがる人も、こういう悲惨な状態になってもよいとは絶対に言いません。いやむしろ、必ず「あんな悲惨なことにならないためにこそ、戦争をしなければならないのだ」とか、「軍備を増強しなければいけないのだ」と言います。

彼は岡山の空襲を経験している。当時九歳、国民学校四年生だった（彼は一九三五年生まれ）。一九四五年六月二九日、この日付けは一度たりとも忘れたことはないと言う。いやおうもなく、子ども心に焼き付けられた悲痛な経験。だが彼はこれまで、この空襲体験を語ることに積極的ではなかった。それはなぜか。

戦争の負け戦の果てに、自分たちが受けた悲惨な体験を語っても、これから突入するかもしれない戦争を防止することにはならないだろう、と私は思います。やはり、もっと学ばなければいけないのは、そうなる前のこと、どうして戦争を始めてしまったのか、そしていったん始まってしまったあと、為政者は、国民は、いったいどうふるまったのか、なのではないでしょうか。

ブックレットは三部構成である。「語ってこなかった戦争体験」「民主主義教育一期生としての戦後体験」「戦争を欲しないならば、何をなすべきか」。その最後の章はこの課題に焦点を当てている。

印象深いエピソードのひとつは、詩人金子光晴のこと。戦争を嫌う彼は、息子を戦場に行かすまいと、徴兵検査の直前、わざと肺炎に罹らせる（雨に当たらせたという）。この話は戦後のある時期、彼の反戦の姿勢を示すエピソードとして、英雄的に捉えられたことがあるらしい。しかし、と高畑さんは聴衆に問う、「みなさん、自分の隣りにそんな人がいたら平気ですか？　利己主義でズルをする、これを許せますか？」と。これは徹底した個人主義であって、まさに見上げたものである。だが、日本人はふつうそうではないのだ。神との関係で自分を規定し律する「個人主義」ではなく、世間様ご先祖様との関係で動く。つまり「空気を読む」。たとえ反対であっても、始まってしまったらしょうがない、あとは勝ってもらうしかないじゃないかとなる。それがいちばん怖いことだと彼は言う。

しかも、当初「心ならずも」という面があったかもしれない人たちも、積極的に同調していく。彼は詩人のまどみちおさんについて触れていた。彼が立派なのは、全詩集出版に際して、戦争協力詩も収録していること。まど「わたしは臆病な人間です。また戦争が起こったら、同じ失敗を繰り返す気がします。決して大きなことなど言えぬ、弱い人間なんだという目で、自分をいつも見ていたい」。高畑さんは、この良心的態度に共感を示しつつ、その彼にしてあの当時、決してイヤイヤでなく、積極的に本気で協力詩を書いたことこそが怖いと言う。そして言う、わたしは彼らを批判したいのではない、「私たちもおそらく彼らと同じではないか、という恐れをみなさんと共有したいからなのです」。

だからこそ、いまの日本には「絶対的な歯止め」が必要なのだ、それが憲法九条なのだという結論に続く。しかも日本の政府は「ずるずる体質」であり、そして表裏一体にある「責任をとらない体質」がある。そのとき憲法九条はなんとしても守らなければいけない。このあたりの論理は非常に説得的で、未読の方はぜひこのブックレットをご覧いただきたいと思う。

講演の最後、彼はフランスの詩人、ジャック・プレヴェール（一九〇〇～一九七七年。シャンソン『枯葉』作詞や映画『天井桟敷の人々』脚本は著名）の言葉を紹介する。「君が平和を欲するならば、修繕せよ平和を」。これは古代ローマの格言「君が平和を欲するならば、備えよ戦争に」の言い換えであった。

高畑さんはこれを紹介した後、事前に用意した文章を読み上げる。それは「憲法九条を基盤にした賢明でしたたかな外交努力、平和的国際貢献こそが最大の抑止力」という一句で始まり、「私は自分も含めこの体質と気質が本当に怖いのです。だから憲法九条は最後の歯止めとして絶対に変えてはならないと思います。九条は、戦後日本国の所信であり、理想であり、それに縛られることこそが、近隣諸国との友好の基礎であり、国際的に日本の地位を安定させる力だからです」と結んでいた。

グリモーとプレヴェールの思想

高畑勲さんの講演の最後にあったジャック・プレヴェールの言葉。これは彼の著書『漫画映画の志』（二〇〇七年）で詳しくふれられている。この本づくりの日々は忘れがたい。刺激され、興奮させられ、ぼくのなかになにものかを残した。いかに貴重な機会であったかと、いまも感謝を込めて思い出す。

この『漫画映画の志』、彼が敬愛してやまない二人のフランス映画人、ポール・グリモー（一九〇五～一九九四年）とジャック・プレヴェールが主人公である。グリモーとプレヴェールは斬新な映像表現をつくり出し、アニメーションの一時代を築いたリーダーとして確固たる地位を占めるが、彼らは芸術のための芸術をめざすのではなく、作品がよりよき社会を実現するための一助になることを願っていた。

それはポール・グリモーの次の言葉からもあきらかだ。彼は一九八五年、広島で開かれた「第一回広島国際アニメーションフェスティバル」で国際名誉会長をつとめ、開会スピーチをこう結んだのである。

私たちが観客に言おうとしたことのすべて、私たちが種を播いたすべて、それらは映画が終わって灯りがともった時に、あとかたもなく消え去ってしまうものではないのです。それらが歩み続け、種がひとつでもあればその種が芽を出しはじめるのは、まさに観客の心のうちでなのです。私たちは私たちのもっともしあわせな夢々にいのちを与えることができますが、その一方で、私たちのもろもろの悪夢が現実にならないためにも、あらゆることをしなければなりません。

「もろもろの悪夢が現実にならないためにも」という言葉は重い。高畑さんはこのグリモーの言葉に続いて、彼の盟友プレヴェールが一九五三年、インドシナ戦争と西ドイツ再軍備推進に反対する労働者の運動に共感し、彼らを励ますために一篇の詩を書いたことを紹介する。さきに挙げた「君が平和を欲するならば、修繕せよ平和を」とはその詩のなかに出る言葉であった。ちなみに「準備せよ／修繕せよ」は英語でいえば prepare ／ repair だが、フランス語では冒頭に「p」があるかどうかだけの違いだそうである。つまり「p」をとっただけで意味を逆転させたのだ。高畑さんはさすが言葉の魔術師プレヴェールだと感嘆する。

その二人が戦後すぐ、協力してつくった作品が『やぶにらみの暴君』（一九五三年公開。日本公開は一九五五年）であった。そこでキーワードといえる台詞が「気をつけたまえ。この国は今、罠だらけだからな」。さまざまな暗喩がちりばめられていて、そこにこそ高畑さんは驚倒したのであった。

そしてその再編集版『王と鳥』（一九八〇年公開。日本公開は二〇〇八年）のラストシーンはこうであった。専制王国を崩壊させてすべてが終わり、破壊の主役となったロボットが座り込んでいる。そして、カゴに閉じ込められた鳥に気づき、ふたを開けてそっと放す。静かにデリケートに。その一瞬後、ロボットは腕を振り上げ、カゴを断固として叩き潰すのである。このラストシーンの張りつめた厳しさに、ぼくも息をのんだ覚えがある。高畑さんはこう言う（『漫画映画の志』）。

カタルシスをわたしたちに与えることをはっきり拒否したのが『王と鳥』のエピローグでした。……どんなに時代が変わっても、人間にとって最も大切なことだと作者二人が考えること、すなわち「自由」と、それを奪うものへの怒りを、強烈なメッセージとし、あのラストシーンに込めたのです。

高畑さんの「志」

高畑さんにとって、『やぶにらみの暴君』の影響は決定的だった。彼は言う、「もしこれを見ていなかったら、わたしはアニメーションの道に進むことはなかったと断言できます」。日本公開当時、表現技法の斬新さゆえに大絶賛を浴び、のちの宮崎駿作品にも影響を与えたことはよく知られている。だがこの作品、数奇な運命をたどった。作者であるグリモーとプレヴェールの了解なく、途中段階で公開されたからで、長い闘いの末に権利を取り戻したグリモーは再編集し、『王と鳥』として公開する。

この『漫画映画の志』はその歴史を克明にたどり、その二本を徹底的に比較検討するというものであった。シーンの一つひとつを深く読み込み、細部まで論じ切ったうえで全体像を描き出していて、映像作家＝高畑さんの面目躍如たるものがある。ふつうはマニアックとみられてしまいそうなテーマだが、じつはアニメーション映画とは何かという基本問題に通じる普遍性があり、高畑さんの「熱」が見事な本にしあげていた。ここではむろん、その内容の一々に立ち入れない。興味ある方はぜひ、この本を読んでいただきたいと思う。

ともあれ彼は、グリモーとプレヴェールの映像表現とともにその強いメッセージに深く共感し共鳴した。そしてみずからの映画づくりにあたって意識し続け、考え続け、格闘しつづけていく。この一貫性、粘り強さには本当に驚かされる。これに関してひとつだけ触れておこう。高畑さんはこう言う、近年「ドキドキ」の映画ばかりで「ハラハラ」が無いと。前者は主人公に同化してしまう映画、後者は客観的世界を意識する映画である。批判的精神は後者でこそ育つ、だから自分はそれをこそ作りたい、云々。これはグリモーから彼が学んだことの実践であった。その目で彼のアニメーション映画を観ると、納得されるところもあるのではなかろうか。

いずれにせよ、高畑さんにとって、映画づくりの格闘と憲法九条問題への発言は切れていない。だからこその重みとあらためて感じている。

（『広島ジャーナリスト』二〇一六年春季号／三月一五日発行）

「伝える」ことを「伝わる」かたちに　――永六輔さんの語りをめぐって

永六輔さんって、知ってる？

学生さんたちに質問したことがあります。「永六輔さんって、知ってる？」と。
ときは二〇一三年秋、ところは都内某大学の大教室。メディア志望の学生たちに編集経験を語る特別講義の一場面です。このときわたしは、四〇年にわたって勤めた岩波書店をリタイアしたばかり。旧知のメディア研究者がタイミングよく声をかけてくれたおかげで、学生さんたちと向かい合うことができた。

このとき当然ながら、話題の柱のひとつは永さんの話になります。わたしはかつて『大往生』（一九九四年）から『伝言』（二〇〇四年）まで、彼の岩波新書九冊を編集しましたから、語るべきことが多い。それに『大往生』は出版史上、瞠目すべき大ベストセラー、彼らも関心があるだろう。でも、ふと気になり、念のために確かめておこうと思い、「知ってる？」と訊いたのです。

こう尋ねたには伏線があります。じつは在職中にも一度、学生相手にしゃべる機会があって、そのときにこの質問をしたら、まったく手が挙がらなかった。「エッ、誰も永さんを知らないの？」　その経験ゆえの質問だったのですが、事情が違う。前回は少人数だったし、必ずしもみんな出版に興味を持っていたわけではなかった。でも、今回は一〇〇人近くもいて、しかも全員がメディア志望。さすがに知る人は多いだろうと思う。ところが、ここでもゼロでした！

ちなみに、その後もいくつかの大学でトークする機会があり、同じ質問をしました。まれに「ハイ、知ってます」という学生さんがいたとはいえ、やはりほとんどが「誰なんだろう？」という顔をしている。

じゃ、『上を向いて歩こう』という歌はどう？　この質問にはそれなりの数の手が挙がり、「その歌をつくった人なんだよ」と話をつなげたものです。それにしても、ある年代以上なら誰もが知る有名人なのに、ここまで極端な差が出るものなのか。

さて、言いたいのはこの先です。

彼らは名前さえ知らなかった。したがって、永さんに関するイメージは皆無。でも、こういう人なんだよと前提知識を提供したうえで、話を広げていけばちゃんとついて来てくれる。具体例を挙げつつ、彼に学ぶべきことが多々あるよと語ると、しっかり頷いてくれました。あとで学生さんたちのレポートを読ませてもらいましたが、わたしの言いたいことをきちんとつかんでいて、しかも敷衍し発展させている。若い世代の感性は大したものだと感心しました。

この経験はあらためて大事な教訓になりましたね。つい、知っているはずだという前提で話しがちだけど、それではダメなんだと。そして共通する前提さえ確認できれば、たとえ馴染みのない人の話であったり、知らない世界の話であっても、ついて来てくれるものなのだと。

朝鮮の言葉で言ってごらん

このトークのとき、学生さんの反応がよかった話題をひとつ挙げます。これは永さんがNHKの報道解説番組でしゃべったことで、わたしは放映当時は知らず、その語りをまとめた『もっとしっかり日本人』（日本放送協会、一九九三年）で知りました。

彼はあるとき、在日の友人から不思議な質問をされたそうな。「永さん、英語で一、二、三を言えますか？　フランス語はどうですか？　ドイツ語は？　イタリア語は？」全部、言えた。ところが最後の質問に詰まる、「では朝鮮の言葉で」。永さんいわく「一番近い国の一、二、三がいえない。これには冷や汗をかきました」。

じつはわたしもこの話を知って、冷や汗をかいたのです。いまでこそ、「イル・イー・サム」、または「ハナ・トゥール・セッ」と言えますが、当時は知らなかった。永さんと雑談した折りに正直に告白し、頭を掻いたものです。

このエピソード、永さんの語りの特徴をよくあらわしていました。朝鮮半島をめぐる「大きな」議論は飛び交っていて、みんな何となく知ったような気分でいる。受け売りとも自覚せずに、持論らしきものを述べる人はとても多い。そしてそこには相当にあぶない俗説が潜んでいたりするし、無意識の差別意識が底流にあったりします。

そんなときに永さんはとてもわかりやすい比喩を持ち出していた。相手がどんな人たちなのか、知っているの？　理解しようとしている？　基本語中の基本語を知らないのはおかしくないか？　と。

この話を紹介したとき、教室が少しざわつきました。「ア、知らないぞ」「オレは知ってたよ」、そんな会話があったかと思しい。永さんのメッセージは「知らないことをまず自覚しよう」であり、そのうえで「ちゃんと考えてみようよ」でした。その言葉は若い世代にしっかり届いたと思う。教室のざわめきはそのあらわれのように感じられました。

さて、永さんという人を一言で表現するなら、「伝える」ことを「伝わる」かたちにする名人です。いま挙げたエピソードからうかがえるように、たとえ彼を知らない人でも、アア、なるほど、そうかもしれないなと思わせる説得力を持っていました。彼の語りの姿勢と方法とは何であったか、わたしなりの角度から掘り下げてみたい。それがこの小論の趣旨です。

「床屋談義」の達人

わたしはかつて、岩波新書には「知識の本」と「知恵の本」があると定義しました。前者は論拠が重要で、組み立てが意味を持つ世界、後者は断片が魅力で、語り口こそが大事。その「知恵の本」の代表格が永さんの新書でした。

こう定義づけたあと、いかにも永さんにふさわしい比喩を思いつきます。そうだ、この人の語りは「見事な床屋談義」なのだと。そして、時がたつにつれ、わたしのなかで確信になっていきました。

これは説明が必要でしょう。何より「床屋談義」なる言葉、いささか古めかしいだけでなく、あまりいい意味では使われないことが多いからです。ときに、根拠のない与太話の謂だったりする。しかし、わたしはあえてこの言葉を復権させたい。

というのは、そもそもは床屋が庶民の政治談義の場であり、庶民の知恵や感覚が試される場だったからです。裃を脱いで気楽にホンネをしゃべるからこそ、政治の話も文化の話もここで血肉化する。いわば庶民目線のフラットな会話。それが本来の意味の床屋談義だとわたしは思う。そしてこれは、永さんの語りにぴったりあてはまります。

彼の語りは、肩ひじ張らない語り口でわかりやすく説くのはもちろんながら、決して押し付けないところに特徴がありました。「こう考えなさい」と声高に主張するのではなく、「こんなこともあるよ、あれはどうなんだ」と問いかけ、「これはこのほうがいいんじゃないか、こんな考え方をすると見えるものが違ってくるよ」と話しかけている。しかも、つねに笑いを交え、退屈させない。だからこそ、みんなが「おお、そうだね、それはいいね」と反応する。これは高みからの講義よりはるかにむずかしい。わかりにくかったり、おもしろくなかったりすれば、すぐそっぽを向かれるわけですから。

そしてこの手法、永さんにしかできないと思える力を発揮します。庶民感覚だからといって、すべてが正しいとはいえない。そこには軽はずみな思い込みだってある。しかも案外自覚していないから、けっこう強固に考え方をしばります。とくに、こと政治や社会の話になると、ちゃんと咀嚼していない生煮えのものが混在しやすい。永さんはこの危うさもよくわかっていました。だからこそ床屋談義の場に入り込み、うっかりしがちな本質をピシッと衝き、なるほどと納得させる言葉を編み出している。

靖国神社へ行きなさい、戦災地全部へ行きなさい

見事な床屋談義と実感した例があります。

永さんはかつて、朝日新聞に小泉政権の姿勢を批判するエッセイを寄せました（「小泉人気、野党は言葉を武器に」二〇〇一年五月二三日夕刊）。このなかに閣僚の靖国神社参拝にふれた一節があり、こんなふうに言っている。

小泉首相が「どうして、靖国神社にお参りに行っちゃいけないのかなァ」とつぶやいたら、「行きなさい！　広島・長崎・沖縄にも行って、東京大空襲をはじめとする各県の戦災地、アジアまで足を延ばして、戦没者にお参りしてきたことを靖国神社に報告しなさい」と、どうして励ましてやれないのだろう。

靖国神社に祀られるのは国に殉じたと認められた戦死者戦没者だけで、しかもA級戦犯が合祀されるという政治性が関わっています。だから靖国神社参拝は単純に戦没者慰霊ではありません。しかし、一般にはその問題性が見えにくい。過去に問題がいろいろあったにせよ、祀られている戦死者戦没者がいるのだから、「慰霊」することをとやかく言うのはおかしい、そんな庶民感情があります。

これに対して、「いや、いまも政治的機能を果たしている、かつての戦争を肯定し美化することにつながりかねない」という論理を対置しても、「そうかなあ、ピンとこないなあ」という反応にとどまったりする。このとき、「行きなさい」「全部行きなさい」というのは、庶民的にとても納得できる言葉になります。

むろん靖国神社問題はこれで解決するわけではない。しかし、彼らが根拠とする言葉を逆手にとることによって、逃げ口上は通用しなくなる。そして、さらに広く問題性を考えるきっかけになるかもしれません。「アジアの人たちからいろいろ言われて気になっていたけど、それよりぼくらの問題なんだね」と。

下町の健康な庶民感覚に支えられて

これは一例にすぎませんけれど、彼はさまざまな場面でこうした言葉を生み出していました。では、こうした彼の感覚はどこで鍛えられたのか。

まず彼の生い立ちがある。東京・浅草の下町の寺で生まれ、町内の職人さん芸人さんの健康な庶民感覚に触れて育ってきました。たとえば、岩波新書『職人』（一九九六年）にこんな語録が載っています。

「もらった金と稼いだ金は、はっきり分けとかないといけないよ。何だかわからない金は、もらっちゃいけねェんだ」

そして、彼はこうコメントしていました。

僕が中学生のとき、ＮＨＫの「日曜娯楽版」に投書して、初めて謝礼というものをもらったことがあります。嬉しかったものだから、それを近所の金箔押しの職人さんに言った。このとき、ビシッと言われたことはよく覚えています。

「それはよかった、もらっとけ。でも、おまえさん、これから大きくなっていくと、何でくれるんだかわからない金というのが、ときどきあるからな。それは、絶対もらっちゃいけない。自分でなぜくれたのかわかる金だけをもらえよ。なぜくれるんだかわからない金は、絶対もらうんじゃないぞ」。

職人さんの言葉は見事です。歯切れいい口調で本質を衝いている。そして、この言葉をしっかり受けとめ、深く記憶にとどめた永さんもまた見事。

さて、彼は「ご近所」の存在がいかに大切であるか、さまざまな場面でふれていました。この職人さんの言葉も、「ご近所」の会話のなかで登場しています。彼にとって「ご近所」はキータームでした。これは単に近隣という地域を言うのではなく、何より人間関係なのです。彼の定義によれば、「重なり過ぎてはいけないが重なるところが必ずあって、腹蔵なく語り合える間柄」。そしてこの関係が生きていたがゆえに、いかに教えられ育てられたか、感謝を込めて何度も語っていました。

永さんの下町感覚に、みずからが育った「ご近所」関係が背景にあることは間違いないでしょう。しかし、それだけならいったん終わってしまった話で、これ以上の言及は必要ありません。でも、そうではないと思う。彼のすごさはかつての体験を大事にしつつ、さらに敷衍し発展させたことにあったのではないか。それが彼の「旅」の話に繋がります。

全国に「ご近所」をつくった

永さんは「旅する人」として有名でした。一年のうち三〇〇日は旅していると語ったこともある。そこには民俗学者・宮本常一さんの教えがあったことを、彼は何度も触れています。「放送の仕事をするなら、スタジオでものを考えていてはいけない。電波の飛んでいく先に行って、暮らしぶりを見て話を聞いて、そして考えなさい」。いかなる場合でも、まず現場に行けというのは鉄則。とても納得できる言葉ですが、宮本さんはさらにこう言ったらしい。「マスコミにかかわっている間、小さな集会、いろり端で十人という集まりを大切にするのが義務だ」云々。

彼はこれを見事に実践しました。全国行脚のなかで、時間の許す限り、少人数での語らいの場をつくっている。実際、彼といっしょに旅する機会があったときなど、講演やラジオ出演が終わったあとに、小さなサークルの集まりに顔を出す姿を何度も見ています。ヤアヤアと挨拶したあと、闊達な議論が飛び交い、笑いが渦巻く。こんなシーンに接しながらつくづく思う、これこそが彼にとっての「ご近所」なのだと。

正直いって、わたし自身、永さんと付き合うまでは「ご近所」なる人間関係を考えたことがなかった。しかし、闊達に振る舞う彼の姿を見つつ、この絶妙な距離感はいいなと思うようになります。

重なりすぎてはいけないが重なるところがある、だからこそ腹蔵なく語り合える。これは

「ご近所」の理想形です。そしてこれこそ、健全な「床屋談義」が展開する場でした。

ラジオというメディア

いま、永さんの語りの特徴として「床屋談義」、そのやりとりの場として「ご近所」というタームを挙げました。これをメディアの場で生かしたのがラジオです。

彼のラジオを聴いた人はみな気づくことですけど、彼は「どこそこでいい話を聞いたよ」「こんなことがあったらしいけど、それってヘンだよね」といった話題をさかんにとりあげます。つまり、全国の「ご近所」でなされた「床屋談義」を自分なりに咀嚼して、電波に乗せていた。そしてリスナーからの反応をとても喜び、それも電波で紹介する。ここでも彼は対話していたのです。

彼はラジオというメディアをとても大事にしていました。肉声による語りかけにもっとも適していて、リスナーもフェイス・トゥ・フェイスに近い感覚を抱くメディアですから、当然といえば当然です。彼はテレビ草創期に大きな役割を果たした人ですけど、やがて距離をおくようになり、ラジオに集中したのはわかる気がする。

さて、ラジオといえば、忘れられないエピソードがあります。本題の趣旨から少し逸れますが、深く考えさせられたことなので記しておきたい。同じくラジオ人である秋山ちえ子さんとの対談企画で、存分にラジオの魅力を語りあったことがあり（岩波ブックレット『ラジオを語ろう』、二〇〇一年一〇月）、そのあとがきで彼はこう書いていました。

二〇〇一年九月。

アメリカでのイスラム原理主義過激派によると思われるテロで、テレビ、メディアは、いつ戦争が始まっても不思議ではない雰囲気が流れていた。

イスラム教徒が、すべてテロリストのように思われていた時期、僕は自分のラジオ番組で何度も美しいコーランを流していた。そして、ラジオの先輩だった故ロイ・ジェームスが立派なイスラム教徒だったことを語った。

テレビが興奮しているとき、ラジオは冷静だった。

ここに「美しいコーランを流していた」とあります。この発想と実践には本当に驚きました。大事件が起きてみんな頭に血が昇っているときです。「悪」を糺すべきだと煽り、煽られている。こんなときこそ、落ち着いて冷静にならなければならないとは、永さんならずとも指摘する人は多かった。

しかし、彼は「危険な風潮に用心しよう」という受け身の姿勢にとどまっていない。さらに一歩、踏み出している。いまこそ、イスラムとはどういう人たちなのだろうと思いを馳せてみよう、ふだん耳にしない「美しいコーラン」の響きを味わおうと。彼の視野は理屈だけじゃなく、感覚レベルまで及んでいました。この一文を読み、わたしは襟を正される思いだったのです。いままでわかっていているように思っていたことがいかに浅薄だったかと。

なお、引用した文章の最後の一句、「テレビが興奮しているとき、ラジオは冷静だった」には続きがあります。

かつてヒットラーも、大本営も、ラジオを使って好戦気分を煽った。
そんな時代の記憶が残っている世代にとっては、今のテレビが恐いのである。

この言葉はとても重い。彼はその後、ＮＨＫでさらに詳しく述べます（「視点・論点」二〇〇三年二月二三日放送）。このときの放送はテレビ五〇年ラジオ八〇年という節目を迎え、あらためてテレビとラジオのありようについて考えようという趣旨でした。このとき彼はとても鋭い指摘をしている。単に時間の長さが違うだけではない、戦争協力をした苦い経験をもっているかどうか、したがって反省する契機があるかどうか、それを考えなければいけないと。

たしかにラジオは戦時下の統制に置かれたことがありますが、テレビにはその経験がありません。それはどこかしら、放送する側の緊張感に関わってくる可能性があります。テレビとラジオの決定的違いのひとつは戦争経験の有無、言われてみればそのとおりですが、永さんの語りを聞くまで、わたしは気づいていなかった。

「保守か革新か」という問い

さて。いつだったか、知人から「永さんは保守的だよ」という言を聞かされたことがあります。ここには批判的ニュアンスがありました。それまでわたしは「保守」「革新」といったタームで考えたことがなく、虚を衝かれてうまく反応できなかった。

いまははっきり言える。保守か革新か、そんなレッテル貼りに意味は無い。保守＝悪、革新＝善というような二分法的価値観なら、むしろ有害だと。「古きよきものは守る」のが保守であり、「新しいものに価値を見出す」のが革新なら、永さんはいい保守といって、なんら差支えないのです。

実際、「床屋談義」（わたしの表現）といい、「ご近所」（永さんご自身が強調）といい、ときに古臭いと感じられる言葉です。しかし、彼はその精神を大切にしつつ、ダイナミックに新しいかたちをつくっていきました。いわば古い革袋に新しい酒を入れている。いまなら彼にこう答えると思う、「そう、永さんはとてもラディカルな保守だよ」と。

そういえばこんな話がありました。教育現場で「君が代」斉唱を義務づけようという動きがあったころです。「君が代」がなぜ歌いにくいか？　「君が代」は雅楽だからで、雅楽は中国発祥。歌詞の五七五に合わないから、不自然に母音を伸ばす。でも朝鮮半島のパンソリという古典的歌い方ならぴったり合う。つまり、旋律は中国、歌い方は朝鮮半島という「アジアが見える歌」。だから、「かつて侵略した中国や朝鮮半島のみなさん、ごめんなさい」という思いを込めて歌える歌だという。

まさに彼らしい自在な発想ですが、これをNHKの報道解説でしゃべったというのがすごい。硬骨というか、反骨精神というか。そして彼は、あとになってこんな一句を付け加えていました。「この説は右翼も左翼も嫌います」と。こうなると、「保守」「革新」という区分けがいよいよ色褪せてみえるのは当然でしょう。

自分たちの「話術」を身につける

脱線しているうちに紙幅が尽きました。永さんはラジオのみならず、講演でも時間内に必ずおさめる人。肝心なことをもっと短く、わかりやすく言わなきゃダメだよと笑われそうです。最後に一言、付け加えます。彼はかつて小泉政権の姿勢を批判したとき（前掲）、追及する側の弱点も指摘しました。いわく「野党はまだ、自分たちの話術を身につけていない」。わたしは当時、そのとおりだと頷きつつ、これはみずからの課題でもあると痛感したものです。しかしこの指摘は二〇年近くも前のこと、状況は大きく様変わりしました。

この間、あきらかな詭弁や強弁が横行する状況が生まれ、世界的にもポピュリズムが台頭して、ヘイト・スピーチが跋扈している。はっきり対決すべきときであって、もはや、話術などと生ぬるいことを言っている場合ではないと思われるかもしれません。でも、どうだろう？　厳しく鋭く対峙しようとするときほど、背景に良質な床屋談義の広がりが必要なのではないか。いわば、裾野の広がりが高さを支える関係。こう考えるとき、やはり永さんはひとつの鑑なのです。

わたしは近年、『伝える人、永六輔』（二〇一九年三月刊。集英社）なる本を上梓し、わたしなりの角度から永さんの語りの魅力を綴りました。この小論に掲げたエピソードの多くは、そのときすでに取り上げています。しかし、「大事なことは何度もくり返す」とは永さんの話術のひとつでした。僭越ながらそのひそみに倣いたいと思った次第です。

（『季論21』二〇二〇年冬号／一月二〇日発行）

あとがき

「まえがき」に記したように、本書は「記録」ではなく「記憶」です。その性格は変わりませんが、メモがあるものはあらためて点検して、できるだけ正確に再現するよう心がけました。また、個人的な会話に属することでは節度を保つよう肝に銘じています。

ともあれ、本書にご登場いただいた方々には、「君はそう受けとったのかい」と笑って肯んじてくださることを願うばかり。

さて、本書執筆にあたって、二つの連載コラム（『新潟日報』『広島ジャーナリスト』）が下敷きになったことはすでに述べましたが（「まえがき」）、じつはこの連載じたい、一から書き起こしたわけではありません。長年にわたって書きためた私家版文書があり、その蓄積が前提になっていました。今回もまた、まとめ直すにあたって、適宜、当時の私家版文書を参照・活用しています。本書の副題を「わたしの編集手帖から」としたゆえんです。

ではなぜ、書きためていたのか？　ここには編集という仕事の特質が関わっていました。わたしが思うに、編集という仕事にはマニュアルがありません。マニュアルとはやるべき手順やこなすべき手続きを明示する手引きであり、誰であっても、段階を踏んでいけば一定水準をクリアできるという技術指導です。つまり、いつでも通用するはっきりした技術内容があるときにマニュアルは意味を持つ。しかし、これは編集にはあてはまりません。なぜなら著者の個性と向かい合うのが仕事の本質であり、あえて編集技術というなら、その内実は「人間関係の技術」だからです。しかも出版物なるもの、個性を主張する性格なのですから（そうでなければ「商品」にならない）、そのつど新しい関係が生まれることになります。一回一回が「勝負」となれば、いよいよマニュアルの存在する余地は無くなります。

しかし、仕事である以上、やはり一定の基準が必要であり、それなりのノウハウが必須です。結局のところ、これは自分に即したかたちで、自分自身のものとしてつくるしかないのです。わたしにとって、私家版文書作成はその大事な手段でした。このとき主眼としたのは、できあがった本に対する自分なりの評価です。企画意図は実現したのか、体裁上もっと工夫すべきことはなかったか、次につながる芽はあるのか等々、思いつくままに書きつらねる。もともと編集作業とはデモーニッシュな要素を含むもので、夢中になってのめり込む体験なしにいい本ができることはまずありません。だからこそ、終わったあとに冷静に点検する必要がありました。実際、できあがった本を眺めていて、「そうか、こうすべきだったか」と反省したことは何度もあります。

しかし、いま言ったように、本づくりはつねに個性的なものですから、まったく同じ状況が再現することはありません。「後知恵」に過ぎないといわれればそのとおりです。あとになって役立つかどうか、保証の限りではなく、結果として単なる後悔の列挙になるかもしれない。でも、それでいいのです。ともかく本を見つめ、気づいたことを記す。これをくり返すことで編集者としての基礎体力がついていく。わたしはそう信じ、「後知恵」を集積すべく、営々と綴りつづけてきました。

そしてそのうえで、折々にまとまった文章を作成しました。少し時間をおいて全体を見直してみると、刊行直後には見過ごしていた問題点に気づいたり、新たな課題が浮かび出てきたりするものです。また、個々の「後知恵」をジャンルやテーマ、そして著者など、角度をつけて整理し直すと、違ったものが見えてきます。それを受けて、書きながら考え、考えながら書く。このなかで、自分の経験の意味が問い直され、自覚化されていきました。わたしはこうして得られた総体を「後知恵の体系」と称しています。わたしなりの編集ノウハウはこの「後知恵の体系」がもたらしてくれました。

ちなみに、いかに自由に綴るとはいえ、文章としてまとめるとなるとそれなりに時間を食います。どうしても盆休みや年末年始に集中せざるをえません。もっとも休日作業の気楽さで、失敗談だけでまとめたり、戯文にしてみたり、けっこう遊んだものです。長続きしたには遊びを交えたことが関係しているかもしれません。

こうした私家版文書が本書のそもそもの基盤であったことの痕跡は、本書のなかに残っています。とくにⅡ・Ⅲ章に顕著で、本づくりの場面そのものにシフトしているところがあります。そのため、ほぼ書き下ろしであるⅠ章とは微妙に語り口が異なっていて、戸惑われたかもしれません。

しかし、「渡された」言葉という本質は同じです。それだけ広い意味合いを持つ、多岐にわたる定義と思っていただけるとありがたい。

ただ、こうしてみると、Ⅰ章で扱った学術書編集時代の話題がごく限られてしまったのはやはり心残りです。編集者としての基礎をつくった時代だけに、「渡された」と感じる言葉は数多く、心に残るエピソードは枚挙にいとまありません。なかでも、発想段階から関わった大企画であり、学術書編集の最後となった「日本近代思想大系」（編集委員＝加藤周一・遠山茂樹・中村政則・前田愛・松本三之介・丸山真男・安丸良夫・由井正臣。全二三巻、別巻一。一九八八～一九九一年）について、まったく触れられなかったのは残念でした。この大系の経験はまことに大きなものがあり、おびただしいノートが残っています。それだけにかえって特徴的なシーンを選び出すのが難しく、当初、Ⅰ章の最後に配する予定でトライしてみたものの、実を結びませんでした。

また、新書分野でも学術的根拠を持つ本（わたしのいう「陣地戦」）について触れることがあまりに乏しい。学術教養書というジャンルじたい、いまこそ考えるべきことがあると思うがゆえに（また出版社＝岩波書店の本道ともいえる分野だけに）、わたし自身の残された課題として意識しておきたいと思っています。

本書ができるには、直接間接を問わず、多くの方々のご助力をえました。

何よりまず謝意を表すべきは岩波書店の方々。本書で語った経験はすべて、岩波書店という場があって初めて実現したことであり、わたしはフリーの編集者として関わったわけではありません。内部事情に関わる言及は最小限にとどめましたけれど、社としての了解なくしては実現できないことばかりでした。そして会社の内実は人です。いかに多くの人に助けられたか。とくに本書Ⅲ章、営業部異動後に関わった企画は、仕事のありようとして異例だっただけに、仲間の支えなしには実現不可能でした。担当編集者として併走してくれた人たち、そしてさまざまな場面で援助してくれた営業部の人たち。彼ら彼女らのおかげで、わたしは貴重な経験ができたのです。みなさん、本当にありがとう。

そして本書の前提となる連載コラムを推進してくださった『新潟日報』の森沢真理さん波多郁之さん、『広島ジャーナリスト』の沢田正さん。みなさんのおかげで、こうした試みにトライすることができた。ありがとうございました。

坂口顯さんには見事な装幀をしていただきました。坂口さんとのお付き合いは四〇年以上に及びますが、先輩出版人として導いてくださり、ときにやりあって、そのすべての場面で教えられました。深く感謝します。

岩波新書編集部で席を同じくした同期の仲間、天野泰明さん坂巻克巳さんには草稿を読んでもらい、貴重な示唆をいただきました。論旨の混乱や説明不足、また思わぬ見落としはあるもので、率直な感想がまことにありがたい。まさに「持つべきものは友」、大いに助けられたことに感謝します。なお、もちろん文責はすべて井上にあります。

本の泉社社長、新船海三郎さんはわたしの連載コラムをおもしろがってくださり、出版を勧めてくださいました。そして何より感謝するのは本の性格を見事に喝破してくれたこと。じつは本書のタイトル、「渡された言葉」は新船さんの発案なのです。言われてみればそのとおりで、わたしがぼんやり感じていたものが焦点を結び、はっきりかたちをとりました。ありがとうございます。

本書を終えるにあたり、わたしに言葉を「渡して」くださった方々に、あらためて深く感謝を申し述べます。

井上 一夫（いのうえ かずお）

1948年、福井県に生まれ、新潟県、富山県で育つ。

1973年、岩波書店入社。日本思想大系編集部、文科系単行本編集部、日本近代思想大系編集部、新書編集部をへて、1999年、営業部に異動。2003年から同社取締役（営業担当）となり、2013年退任。

著書『伝える人、永六輔』（集英社）。

渡《わた》された言葉《ことば》
わたしの編集《へんしゅう》手帖《てちょう》から

発行日　2021年10月20日　　第1刷発行

著　者　　井上一夫
発行者　　新船海三郎
発行所　　株式会社　本の泉社
〒112-0005
東京都文京区水道橋2-10-9 板倉ビル2F
TEL 03-5810-1581 FAX03-5810-1582
印　刷　　音羽印刷　株式会社
製　本　　株式会社　村上製本所
DTP　　クリエイティブ・コンセプト